철학자의 아틀리에

철학자의 아틀리에

사유의 천재들은 예술에서
어떤 개념을 읽었을까?

이택광 지음

Humanist

프롤로그

또 하나의 책을 세상에 보탠다. 철학과 그림이라는 오랜 친구에 관한 이야기다. 처음에 품었던 생각은 정확히 철학자가 이야기한 그림을 한번 살펴보자는 것이었다. 물론 이미지와 개념이라는 오랜 숙적의 관계를 짚어보고 싶기도 했다. 철학과 그림의 관계를 논한 책은 이미 많이 나와 있다. 그러나 철학자가 들여다본 그림에 관한 이야기는 그렇게 흔하지 않았다. 이런 의미에서 이 책은 철학자의 눈으로 그려진 그림을 들여다보고자 한다.

학위 과정을 밟던 시절에 나는 틈만 나면 그림을 보러 다녔다. 어디엔가 걸려 있는 한 점의 그림을 보려고 먼 길을 가기도 했다. 가서 보면 도판으로 보던 그림과는 다른 표정이 담겨 있었다. 이런 표정들을 읽는 맛에 유학 생활이 즐거웠다. 돌아다닐 시간이 없으면 학교 도서관 지하 서고에 가득한 오래된 책들을 뒤졌다. 내가 공부하던 영국의 대학은 19세기에 설립된 곳이라 이제는 아무도 읽지 않고 묻혀 있는 책들이 많았다. 먼지가 가득 쌓인 책의 표지를 털고 책장을 펼치면 거기에 기대하지 않았던 이야기들이 파노라마처럼 펼쳐져서 재미있었다.

한편으로 나는 이토록 많은 이야기 중에 내 이야기가 갖는 의미에 대해 생각해보기도 했다. 지금까지 알려진 '고전'은 정말 빙산의 일각이었다. 알려진 책보다 더 많은 책이 사실상 무관심의 저편으로 사라져서 지하 서고에 잠들어 있었다. 놀라운 일이 아닌가. 지금 살아남아서 우리 손에 들려 있는 책이야말로 세월의 풍파를 넘어서 보석처럼 다듬어진 유물이다. 물론 이런 책들이 모두 금강석처럼 빛나기 때문에 남겨진 것은 아니다. 당대에 수미일관한 완결성을 가졌던 책들은 대부분 사라진다. 오히려 완결하지 못한 이야기들이 남아서 그 이후의 전개를 후대의 독자에게 요구하고 있다는 생각이다.

철학자가 이야기한 그림을 들여다본다는 것도 마찬가지다. 그림은 닫혀 있지 않고 열려 있다. 이미지는 원래 그렇다. 태생을 감추고 마치 지금 벌어지는 것처럼 시치미를 뚝 뗀다. 그러나 철학은 그 태생을 집요하게 파고든다. 그렇다고 철학이 기원에 집착해서 없는 기원을 날조할 수는 없다. 철학자는 기원을 이야기하기보다 원리를 이야기하는 쪽에 가깝다. 철학자의 질문은 언제나 '왜'이다. 저 그림은 '왜' 저기에 걸려 있을까? 그림이 철학자 앞에 당도했을 때, 이 질문은 필연이다. 철학자는 가만있지 않고, 그 그림을 개념으로 이해하고자 한다. 물론 이미지는 이 개념화에 굴복하는 척하지만, 가두어둘 수 없는 충돌의 힘이 있다. 의미화에 저항하는 이미지 고유의 작동이 있는 것이다.

이 책은 이처럼 철학과 그림의 긴장 관계를 살펴보려는 시도이다. 그 긴장 관계 자체가 곧 철학자라는 것이 이 책의 전제이다. 철학자가 본 그림이 곧 개념과 이미지를 포괄하는 역사이다. 둘은 서로 헤어지면서도 만난다. 이 책은 철학이 그림을 통해 더욱 풍부한 개념을 얻게 된다는 사실을 보여주고자 한다. 철학책 읽기와 그림 그리기에 빠져 사춘기를 보냈던 나에게 이 둘을 다시 호출하는 것은 단순 취미 이상의 의미를 갖는다. 그림이 세계의 상을 드러내는 행위라면, 나의 성장과 그림에 대한 관심은 일맥상통하는 셈이다. 또한 철학은 이런 세계의 상을 개념으로 이해할 수 있게 해준 학문이다. 뜻도 모르고 옆구리에 끼고 다니면서 읽던 철학책들이 나중에 내 삶을 송두리째 바꾸게 될 줄은 어린 나는 몰랐다.

아무쪼록 이 보잘것없는 책이 철학자의 그림에 관심 있는 독자들에게 소박한 영감을 줄 수 있다면 더 바랄 것이 없을 것

같다. 소심함을 가장한 욕심이 이 작은 책을 탄생시킨 동력이다. 난삽하기 그지없던 원고를 일목요연한 조언으로 이끌어준 휴머니스트 편집부가 없었다면 이 책은 나올 수 없었을 것이다. 부족한 글을 책으로 묶어서 출간해준 출판사에도 감사를 표한다. 작가는 쓰지만, 책을 존재하게 만드는 것은 출판사 건물 안에서 움직이는 보이지 않는 손들이다. 그 모든 노고에 감사드린다. 내가 던진 생각의 파편들이 훗날 지하 서고에 묻힐지언정, 그때 그 당시의 나 같은 독자를 만나서 겉장에 쌓인 먼지를 털어낼 수 있기를 희망한다. 또한 무엇보다도 지금의 나로 살아가게 만든 철학자들과 그림들에 경의를 표한다.

2021년 6월

저자 쓰다.

차례

서장

칸트의 반성적 판단력

플라톤은 철학을 그림보다 더 진리에 가까운 것이라고 생각했다. 하지만 플라톤의 믿음은 그 이후의 철학사를 살펴봤을 때 그렇게 유효한 것 같진 않다. 오히려 많은 철학자가 플라톤의 충고를 받아들이지 않고 그림에 관해 이야기하고 있기 때문이다. '아버지'의 말을 듣지 않는 숱한 아들들이 있다는 것은 무엇을 말하는 걸까? 그림을 철학의 영역으로 끌어들인 최초의 철학자는 칸트Immanuel Kant, 172~1804였다. 칸트야말로 인식과 도덕의 매개로서 예술을 설정하고 미적 판단을 통해 통합적인 이성을 가진 완전한 개인이 가능하다고 생각했던 철학자이다. 고대에 대립적인 관계로 여겨졌던 철학과 그림을 극적으로 화해시킨 장본인이 칸트인 셈이다. 이 칸트가 최고로 친 예술은 시였는데, 그 이유는 상상력을 확장하기에 최적이라고 보았기 때문이다. 물론 조형예술도 중요하게 보았고, 그중에서 그림을 으뜸으로 친 것도 사실이다. 칸트는 이렇게 말한다.

> 조형예술 가운데서 나는 회화에 우선권을 주었으면 하는데, 그것은 한편으로 소묘예술로서 회화는 여타의 모든 조형예술의 기초에 놓이며, 다른 한편으로 회화는 여타의 예술에 허용되는 것보다 훨씬 더 이념들의 영역으로 파고들어 가서, 직관의 분야까지도 이 이념들에 맞추어 더욱 확장할 수 있기 때문이다.[1]

칸트의 평가에서 그림은 다른 예술에 비해 훨씬 이념들에 맞추어 직관을 확장하도록 만드는 예술 장르이다. 이를 통해서 알 수 있듯이, 칸트는 인식이나 도덕과 구분되는 미적인 영역이 독자적으로 존재한다는 것을 인정한다. 그림에 대한 칸트의 견해는《순수이성비판》에서 잘 드러난다. 이 책은 후일 그림을 비롯한 예술의 감각을 자율적인 판단의 영역으로 설정하는 중요한 토대를 제공하는 책이기도 하다. 이 책은 1781년에 처음 출간되었는데, 철학사에서 가장 큰 영향을 끼친 책으로 분류할 만하다.

모든 책이 그렇듯이, 이 책도 첫 문장에서 칸트의 의도를 함축적으로 제시한다는 점에서 흥미롭다. 칸트는 '괴롭힘을 당하는 이성'이라는 이미지를 독자에게 던지면서 자신의 이야기를 풀어나간다. 아무 잘못 없는 인간 이성이 "아무런 과실이 없음에도" 곤경에 처해 있다고 개탄하는 것이다.

계몽주의는 신의 이성이라는 범주로 설명되던 사물의 이치들을 인간의 이성을 통해 재규정해야 한다는 원칙에서 출발한 사상운동이었다. 인식론의 기준이 달라지는 시대에 칸트는 《순수이성비판》이라는 책을 썼다. 인간의 이성에 아무런 잘못이 없다고 칸트가 말한다는 사실에 주목하자. 이성은 문제가 없는데, 그것을 '사용'하면서 뜻하지 않은 문제가 발생한다는 생각을 여기에서 읽어낼 수가 있다.

말하자면, 칸트는 인간의 이성을 신뢰한 계몽주의의 원칙을 폐기하지 않으면서 그 계몽주의를 통해 필연적으로 드러날 수밖에 없었던 '인간 이성의 한계'를 극복하기 위해서 《순수이성비판》이라는 책을 쓴 것이다. 그래서 인간의 이성은 모든 진리 판단의 기준이긴 하지만 비판을 통해 한계를 끊임없이 자각해야 한다고 칸트는 주장한다. 이성은 진리를 판단할 수 있지만 그 능력을 과신한 나머지 비판 없는 '순수한 상태'에 머물면 독단과 교조에 빠진다고 생각한 것이다. 칸트의 철학은 계몽주의에 뿌리를 두고 있지만, 인간의 이성에 대한 절대적 신뢰 자체를 거부하면서 출발한다. 칸트 철학의 위대함이 여기에 있다는 것은 의심의 여지가 없다. 칸트는 다음과 같이 말한다.

인간의 자연 본성이 무관심할 수 없는 대상의 연구와 관련해서 아무리 무관심한 척하려 해도 그것은 소용없는 일이다. 저 자칭 무차별주의자들이 학술 용어를 대중적인 말로 바꿈으로써 자신들의 정체를 알아보지 못하게 하려고 꾀해본다 해도, 그들이 도대체 무엇인가를 생각하는 한, 그들은 이내 그들이 그렇게나 멸시했던 형이상학적 주장에 다시금 빠지고 만다. 그러나 모든 학문이 번성하는 한가운데서, 그것도 사람들이 모든 지식 중에서도 그것을 갖는 것을 되도록 포기하지 않으려 했던 바로 그 지식과 관련해 일어난 이 무관심은 각별히 주목하고 숙고할 만한 현상이다. 이 무관심은 분명히 경솔에서 생긴 것이 아니라, 이제는 더 이상 사이비 지식에 자신을 내맡기지는 않으려는 시대의 성숙한 판단력에서 비롯한 것이다. 이 시대는 또한 이성에 대해, 이성이 하는 업무 중에서도 가장 어려운 것인 자기 인식의 일에 새로이 착수하고, 하나의 법정을 설치하여, 정당한 주장을 펴는 이성은 보호하고, 반면에 근거 없는 모든 월권에 대해서는 강권적 명령에 의한 것이 아니라 이성의 영구불변적인 법칙에 의거해 거절할 수 있을 것을 요구한다. 이 법정이 다름 아닌 순수 이성 비판 바로 그것이다.[2]

여기에서 칸트가 비판하는 대상은 경험주의자들이라고 할

수 있다. 경험주의자들이 독단적 교조주의를 훌륭하게 논파해서 "형이상학의 모든 싸움거리"에 대한 '종결자' 노릇을 하긴 했지만, 그로 인한 결과는 형이상학이라는 여왕을 "일상 경험이라는 천민의 출생"으로 만들어버려서, 형이상학을 학문의 여왕으로 부르는 것 자체가 민망하게 되어버렸다는 것이다. 그런데 경험주의는 이렇게 형이상학을 대중의 품으로 끌어내리는 역할을 하긴 했지만, 교조주의의 결론을 되풀이해서 주장함으로써 '벌레 먹은 꼴'이 되었다는 것이 칸트의 지적이다.

예를 들어서 이런 것이다. 경험주의자들은 아궁이에 불을 때니까 연기가 나더라는 경험을 토대로 이를 되풀이해도 계속 그렇다면 불과 연기의 관계는 인과율을 가진 것이므로 '법칙'이라고 해도 무방하다고 생각했는데, 칸트는 이렇게 이성보다 경험을 우위에 두는 발상 자체가 교조주의적 결론과 다를 것이 없다고 보았다. 실제로 아궁이에 불을 때도 연기가 나지 않는 때가 있는데, 경험주의자들은 그 경험에 근거해서 아궁이와 불의 연관성을 '유추'하는 꼴이라는 말이다. 결국 주관적 필연성을 기준으로 놓는다는 점에서 경험주의자 역시 교조주의의 주장을 되풀이하는 셈인데, 경험주의가 교조주의를 비판하던 그 방식을 그대로 돌려주면서 경험주의의 한계를 지적한다는 점에서 칸트야말로 논쟁의 대가라는 사실을 발견할 수 있다.

주관성은 어떻게 객관성을 증명하는가

경험의 진리를 증명할 수 있는 것이 주관성뿐이라면, 그 주관성은 도대체 어떻게 객관성을 증명할 수 있을까? 당연한 이야기지만, 칸트는 경험의 바깥에 있을 법한 그 무엇을 이야기할 수밖에 없다. 경험 이전 또는 밖에 있는 그 무엇을 칸트는 선험적 능력이라고 보는 것이다. 그러나 경험주의에 내재한 주관성을 극복하려고 경험 이전 내지는 경험 밖의 영역인 순수 이성이라는 인간의 인식능력을 진리의 기준으로 내세워야 하는 것은 옳지만, 문제는 이렇게 이성의 요소 이외에 다른 것이 포함되어 있지 않은 이성이 독단과 교조에 빠지기 쉽다는 딜레마이다. 노자가 말하는 '천하무적'은 결국 이 세상에 아무런 적이 없는 독단과 교조의 상태이다. 결론적으로 말하자면, 이 딜레마를 해결하기 위한 칸트의 대안이 바로 '비판'인 것이다. 순수 이성의 원천과 한계를 정확하게 분별하는 일, 바로 이것이 이성의 자기 인식이라고 할 수 있다. 이런 이성의 자기 인식을 토대로 형이상학을 재점검한다는 취지로 쓴 책이《순수이성비판》이라는 사실에서 철학의 사유를 통해 당대의 문제에 개입하려고 했던 칸트의 의지를 파악할 수 있다. 이런 칸트의 철학이 어떻게 그림에 관한 생각과 연결되는 것일까? 그 연결 고리는 다름 아닌 상상력에 대한 개념이다.

칸트는 경험 인식이라는 것이 투명하지 않다고 보았다. 어떤 사물을 본다고 해서 그것을 있는 그대로 인식할 수 있는 것이 아니라는 말이다. 말하자면, 볼 수 있는 것만 보고, 알 수 있는 것만 알 수가 있다. 아니, 더 나아가서 알고 싶고 믿고 싶은 것만을 보는 경우도 있다. 여기에서 칸트가 감각 인상과 인식 능력 사이에 존재하는 '틈'을 알아차리기 위해서는 '오랜 훈련'이 필요하다고 언급하는 사실에 주목할 필요가 있다.

한편, 칸트는 경험으로부터 독립적인 인식의 존재 유무는 좀 더 상세한 연구가 필요하다고 말하면서, 이것을 경험으로 얻는 경험적 인식과 구분해서 '선험적 인식'이라고 지칭한다. 이 선험적 인식에서 어떤 경험적인 것도 섞여 있지 않은 것을, 칸트는 '순수하다'고 정의한다. 말하자면 선험적 명제와 순수한 선험적 인식을 구분하는 것이다. '평범한 지성'에도 선험적 인식들이 존재한다는 점을 칸트는 강조한다. 칸트의 입장에서 중요한 것은 바로 선험적 인식의 편재성인 셈인데, 이런 생각은 경험주의에 대한 훌륭한 반론이었다.

칸트가 도입하고 있는 법학적인 개념으로 본다면, 사실문제와 권리문제의 구분을 통해 이성주의의 생득관념을 라이프니츠나 볼프가 이야기하는 '예정조화설'과 다른 관점에서 논증하고 있는 것이 《순수이성비판》이다. 권리문제는 합법성과 권한에 대한 문제로서, 순수 지성 개념의 기원을 파고들어서 그 '사실'을 파악하는 것이 아니라, 인식을 가능하게 만드는 경험에 '선험적 개념'을 적용하는 '권한'을 문제 삼는 것이다. 경험주의는 사실문제를 제대로 파악하긴 했지만 권리문제를 사실문제로 환원시켜버리는 문제점을 노출시켰다고 칸트는 주장한다. 이를 통해 칸트는 경험주의의 귀납법과 달리 객관적 실재성을 초월론적 연역으로써 증명하고자 한다.

따라서 칸트는 '분석판단'과 차별해서 '선험적 종합판단'을 내세운다. 분석판단은 선험적이긴 하지만 결론적으로 주어 개념을 설명하는 것에 지나지 않는 반면, 선험적 종합판단은 선험적인 동시에 인식을 확대시키는 필연적이고 보편적인 판단이다. 이 선험적 종합판단이야말로, 순수 이성의 본래적 요구를 구성하는 것이다. 수학이나 자연과학까지도 포함하는 모든 이론적 학문 안에 선험적 종합판단의 원리가 내재하고 있기에, 어떻게 이런 종합판단이 가능한지를 가늠하는 것이 순수 이성의 과제라고 할 수 있다.

이성의 복권

이처럼 칸트는 선험적 종합판단을 '발견'함으로써 경험주의에 맞서 이성의 중요성을 다시 강조하고자 했다. 이 문제가 그림, 다시 말해서 미적 판단의 영역으로 오면 어떤 것은 아름답고, 어떤 것은 아름답지 않은지 구별하는 문제로 바뀐다. 칸트에게 아름다움을 판정하는 것은 대상의 형식에 대해 반성하는 감성적 판단력에 근거한다. 이 감성적 판단력이 미적 판단의 능력으로, 인식이나 도덕의 영역에 속하지 않는 독자적인 원리에 기초한다고 칸트는 생각했다. 칸트가 도덕이라고 명명하는 것은 실천을 의미한다. 칸트는《순수이성비판》을 집필한 후에《실천이성비판》을 쓰는데, 전자가 이성 능력 전체를 다루면서 이론 이성의 인식능력 비판을 목적으로 했다면, 후자는 실천 이성의 능력 비판을 다루면서 도덕의 영역에 자신의 비판이론을 적용한다. 칸트가《실천이성비판》에서 도모하고자 했던 것은 실천 이성의 가능성과 범위, 한계를 규정하는 것이었다. 때때로 우리는 도덕과 감성을 혼동하기도 하지만, 칸트에게 도덕은 감성과 다른 원리를 가진다. 이 책은 선과 악의 문제를 자유 선택의 의지가 도덕에 의해 규정되어 행동으로 나아간 결과로 보았다는 점에서 획기적이다.

말하자면, 선한 사람과 악한 사람이 처음부터 존재하는 것이 아니라, 무엇을 행하고 어떻게 행위하는가에 따라서 결정된다는 것이다. 얼핏 보면 도덕은 자유를 규제하는 것처럼 보이지만, 그 자유는 욕망의 다양성을 의미하는 것이지 절대적인 자유의지를 뜻하는 것이 아니다. 자유는 그 의지를 규정하는 도덕법칙에 대해 실천 이성이 "사용"하는 것이다. 우리가 아무리 자유롭다고 하더라도 자연법칙을 바꿀 수는 없다. 우리가 아무리 신에게 기도해도 자연법칙을 거스른 기적을 실행할 수는 없는 것이다. 자연법칙은 합법칙성의 형식을 띠고, 이 형식은 감성계가 도덕법칙에 따라 작동하는 합법칙성의 형식이기도 하다. 우리의 감성은 도덕법칙의 합법칙성을 거스르지 않고자 한다. 한마디로 누가 시키지 않더라도 우리는 이 합법칙성의 형식에 따라 착하게 살고자 노력한다는 말이다. 이런 도덕법칙에 대한 존경 또는 복종은 자발적으로 이루어진다는 점에서 이중적인 성격을 띠게 되는데, 이런 분열을 통합하는 것이 의무감이다. 이런 도덕적 의무감을 일러 칸트는 인간의 존엄성이라고 불렀다.

《순수이성비판》과 《실천이성비판》을 통해 칸트는 지성Verstand이 이론의 선험적 구성 원리를, 이성Vernunft이 실천의 선험적 구성 원리를 이룬다고 결론지었다. 지성은 능동적인 상위의 인식능력으로서 감성과 대립하는 것이라고 칸트는 보았다. 때때로 칸트는 이 지성을 인식능력을 총칭하는 개념인 이성과 혼동해서 쓰고 있지만, 좁은 의미에서 지성은 대상으로부터 촉발되는 감성과 달리, 개념을 스스로 만들어내는 자발성이라고 보았다. 이미 이런 발상에서 칸트는 계몽주의의 합리성이라는 평면적 개념을 넘어서고 있다. 칸트에게 이성은 실천과 상상력 그리고 판단력을 포함한 역동적인 개념이었다. 따라서 칸트에게 그림은 이성과 대척점에 놓인다기보다, 독자적인 차원에서 반성적 판단력에 속하는 것이었다. 오히려 통합적인 지성을 위해 상상력을 자극하는 그림을 감상하는 것은 필수적인 요건이기도 했다.

재미있는 사실은 이렇게 그림에 대한 새로운 생각을 제공한 칸트였지만, 정작 자신은 당대의 화가를 전혀 인용하지 않았다는 점이다. 숭고를 설명하려고 바실리카 성당이나 피라미드를 언급할 뿐, 특정 화가의 그림은 등장시키지 않는다. 그가 하고자 했던 것은 그림이라는 구체적인 예술 작품이 어떻게 반성적 판단력을 가능하게 하는지 해명하는 것이었다. 《판단력 비판》에서 칸트가 공을 들이는 반성적 판단력은 선험적 구성 원리를 따르는 지성이나 이성과 달리, 아무런 상위 능력을 따르지 않고 오직 경험에 의거해서 특수에서 보편으로 나아가는 능력이다. 이때 반성적 판단력에 객관성을 확보하게 만드는 것은 자연의 합목적성이다. 합목적성은 목적에 부합하는 행위의 원인이다. 우리는 어떤 행위를 할 때, 목적이라는 아직 현실화하지 않은 개념을 상정하고, 지금 행위가 그 목적에 들어맞을 때 비로소 행동한다. 이런 의미에서 그림과 같은 예술을 감상하는 것은 "목적 없는 합목적성"을 가능하게 만든다고 칸트는 보았다.

그림에 대한 칸트의 고민은 자유와 자연이라는 서로 다른 입법을 어떻게 통합할 것인가라는 문제에 맞닿아 있었다. 자연의 합법칙성은 자유의 목적성, 다시 말해서 도덕성과 서로 대립하는 것처럼 보이기 때문이다. 칸트는 이 둘을 통합할 수 있는 토대가 경험이라고 보았고, 이 문제를 해명하려고 《판단력비판》을 썼다. 한마디로 칸트야말로 그림을 철학과 대등한 독자적 영역으로 인정한 철학자였다. 그 자신은 그림에 대한 논평을 남기지 않았지만, 그림을 비롯한 예술이 상상력을 늘려서 지성의 발달에 도움을 줄 수 있다고 보았다. 플라톤이 거부했던 그림은 이렇게 철학의 목적을 달성하기 위한 중요한 수단으로 거듭나게 되었다. 근대로 나아오면서 그림은 점점 더 철학과 떼려야 뗄 수 없는 관계를 맺게 되었다. 그렇다면 과연 철학자들은 우리와 같은 관점에서 그림을 보고 있을까? 그렇지 않다면 과연 어떤 관점에서 그림을 보고 있을까? 이제부터 그 궁금증을 풀어보기 위해 철학자의 아틀리에를 하나씩 탐방해보자.

1장

헤겔의 역사와 렘브란트의 〈야경〉

나타남으로써 존재하는 사물의 모습이

여기에 고스란히 들어 있다.

존재의 의미는 곧 나타나는 것에서 시작하고,

이렇게 나타나는 것 또는 외양은 정신의 표현이라고

헤겔은 생각했다.

하르먼스 판 레인 렘브란트, 〈야경〉, 1642년

최초의 철학자이자 최후의 철학자이기도 한 헤겔Georg Wilhelm Friedrich Hegel, 1770~1831의 사상을 말해주는 그림을 골라보라고 하면 주저 없이 렘브란트Harmensz van Rijn Rembrandt, 1606~1669의 〈야경〉을 꼽을 것이다. 봉건제가 붕괴하고 부르주아 시민사회가 탄생하던 시기를 살다간 헤겔에게 렘브란트를 비롯한 네덜란드 화가들은 자신들의 생각을 증명해주는 중요한 시각적 증거였다. 헤겔 시대에 그림을 수집할 수 있었던 이들은 대체로 귀족에 한정되지만, 네덜란드는 예외였다. 렘브란트는 초창기 전업 화가의 표상이기도 했다. 헤겔은 이런 단체 초상화의 의미를 누구보다도 빨리 알아챈 철학자였다.

부르주아는 실제로 상인계급이었고, 이들의 세계관을 지배한 것은 합리성이었다. 칸트가 인간의 이성 문제를 이야기했지만, 헤겔은 칸트의 이성 개념이 지나치게 주관적이라고 보았기에 역사라는 다른 범주를 철학으로 끌어들였다. 이 역사의 전개를 보여주는 시각적인 재현이 바로 네덜란드의 단체 초상이다. 네덜란드 화가에 대한 헤겔의 관심은 그 당시 부상하던 부르주아사회에 대한 이런 통찰과 궤를 같이한다. 그에게 화가의 그림은 세계상의 전개를 보여주는 '전체의 부분'이었다고 할 수 있다.

헤겔에게 중요한 것은 외양에서 드러나는 본질이다. 보통은 내용을 담은 그릇 같은 것이 형식이라고 생각하지만, 헤겔은 그 둘이 나누어질 수 없다고 보았다. 이처럼 헤겔의 관점에서 보면, 외양과 본질이 구분되는 것이 아니라 외양을 통해 본질이 드러난다는 사실이 중요하다. 헤겔은 네덜란드 화가들이 정신의 산물로서 객체의 빛과 외양을 드러내는 재주를 가졌다고 말한다. 이들의 그림에서 객체는 있는 그대로 빛나고 나타난다. 이 나타나는 것이야말로 객체의 본질이다. 어려운 말이긴 하지만, 그림을 현상으로 보았다고 생각하면 이해하기 쉬울 것이다. 현상은 나타난다는 뜻이다. 그림을 객체의 나타남으로 보았다는 점에서 헤겔은 플라톤처럼 그림을 거짓이라고 생각하지 않았다.

헤겔이 보기에 렘브란트와 같은 네덜란드 화가들은 사물을 객관적으로 그리는 재주를 가졌다. 이런 평가에서 헤겔이 네덜란드 화가들을 어떻게 생각했는지 알 수 있다. 그에게 네덜란드 화가들의 작품은 사물의 현상 그 자체였다. 헤겔은《미학 강의Vorlesungen über die Ästhetik》에서 이렇게 말한다.

> 네덜란드인들은 사소한 것에든 대단한 것에든 국내에서든 해외에서든 시민성과 진취적인 기상, 신중성과 순수성, 깨끗이 쌓아올린 부, 자신감에 넘치는 쾌활성과 원기 발랄함을 보였다. 그래서 그런 것들이 일반적으로 네덜란드 회화의 내용이 된 것이다. 따라서 그런 내용은 결코 비천한 소재나 내용이라고 볼 수 없으며, 사교계나 궁중식의 겉치레나 오만한 고상함 따위로는 감히 그런 내용에 접근할 수 없다.[1]

헤겔이 찬양하는 네덜란드인의 특성은 저절로 얻어진 것이 아니라 "도시의 시민들과 농민들"이 용기와 인내, 용맹심을 갖고 "당시 세계에서 가장 강력했던 왕 카를 5세의 아들 펠리페 2세가 지휘하던 에스파냐 군대를 싸워 물리침으로써" 정치적 자유는 물론 종교의 자유를 얻어낸 결과였다. 헤겔이 보기에 렘브란트의 〈야경〉은 이런 네덜란드인의 '국민성'을 나타내는 그림이었다. 헤겔이 여기에서 진술하는 것은 단순해 보이지만, 그림이라는 '현상'이 '국민성'이라는 객체의 본질을 드러낸다는 사실에 대한 지적이다.

헤겔이 말하는 객체는 이 세계를 이루고 있는 물질성이다. 그림에 등장하는 인물과 물질은 곧 세계를 이루는 구성 요소이다. 이 구성 요소가 하나의 그림에 담겨 표현된 것이다. 헤겔에게 이런 그림은 곧 세계에 대한 알레고리처럼 보였을지도 모른다. 그림은 객체 스스로 빛나고 나타나는 것을 그대로 옮겨놓은 것이다. 헤겔이 염두에 두는 리얼리즘은 이렇게 세계를 비례적으로 '되비추어주는 것'을 의미한다.

현상으로서 나타나는 그림

〈야경〉은 이런 헤겔의 진술을 가장 적절하게 보여주는 작품이기도 하다. 나타남으로써 존재하는 사물의 모습이 여기에 고스란히 들어 있다. 존재의 의미는 곧 나타나는 것에서 시작하고, 이렇게 나타나는 것 또는 외양은 정신의 표현이라고 헤겔은 생각했다. 그러므로 헤겔에게 현상은 '주관'과 아무런 관계가 없다.

헤겔이 말하는 현상은 미학적인 경험을 전제하는 것이 아니다. 그림이 표현하는 것은 그 자체로 순수하고 절대적이다.

경험 이전에 존재하는 어떤 차원이 그림을 통해 전달될 뿐이다. 심지어 담배 연기조차 네덜란드 화가들의 그림에서 '빛난다.' 사물들이 제각각 빛나게 하는 것, 그것이야말로 헤겔이 그림에서 발견한 진리다. 미학적 경험을 벗어난 그림이 관객에게 전달하는 것은 일상의 경험을 대체하는 순수성, 정신의 나타남이다. 이 정신은 곧 시대이고, 역사이기도 하다. 〈야경〉에서 빛은 일률적이지 않다. 빛은 서로 다른 강도로 배어 나온다. 현실성이 부여하는 인상을 담은 것이 바로 그림이다. 단순한 물감과 천의 질감을 넘어서서 이 인상은 인식의 지평을 열어준다. 그래서 헤겔이 네덜란드 화가들의 작품에서 부르주아적 시민사회의 도래를 발견한 것도 전혀 엉뚱한 일이 아니다.

이들은 그리스의 소피스트들처럼 각자의 '덕'을 겸비하고 부지런히 제 몫을 다하는 것이다. 멈추어 있지 않고 분주하게 움직이는 사회the industrial society가 여기에 있다. 헤겔이 네덜란드 화가들의 그림에서 찾아낸 것은 이런 징조였다. 산문이 구성해내는 현실성과 달리 외양을 통해 직접적으로 드러나는 실감이야말로 '이상성'의 보석이다. 이런 까닭에 그는 일상의 영웅이기를 거부했던 것인지도 모른다. 〈야경〉은 일상의 모습을 그대로 옮겨놓은 것이 아니라, 그 일상을 관통하는 관념의 원리를 그대로 보여준다. 헤겔은 플라톤의 목적론을 그림에 대한 분석에서 되풀이하는 것이다.

헤겔이 플라톤과 다른 점은 관념성을 물질성보다 우위에 두지 않는다는 점이다. 물질이 있고 관념이 따라오는 것이다. 관념성은 오히려 물질성을 흉내 낸다. 이것이 바로 헤겔의 리얼리즘에서 핵심이다. 관념성은 내면의 문제이지만, 언제나 이미 외부의 자연에서 영향을 받는다. 헤겔이 이런 생각을 하는 까닭은 '노동'의 문제와 무관하지 않다. 가령 예술의 재료인 상상력은 멋대로 아무것이나 떠올릴 수 있지만, 물질인 금속을 아름다운 예술 작품으로 가공하려면 노력을 많이 해야 한다. 물론 헤겔은 물감의 작용으로 그림의 효과가 발생한다는 사실을 언급하지 않는다.

헤겔이 그림에 대해 말하고자 하는 것 중에서 핵심적인 것은 바로 외부에 존재하면서 변화무쌍하게 변화하는 자연의 외양을 그림이 재현한다는 점인데, 그렇다고 그림이 완벽하게 외부 세계를 옮겨놓을 수 있다고 생각하지는 않는다. 예술가가 그림에 재현해놓은 자연은 '새롭게 만들어진 것'이지, 있는 자연을 그대로 복제한 것이 아니다. 이런 진술은 확실히 모순적이다. 〈야경〉은 암스테르담의 현존 인물들을 재현한 것이지만, 그 인물들을 사진 찍듯이 그려놓은 것은 아니다. 여기에 렘브란트의 개성이 들어 있다. 이것은 현실이되 현실 그대로는 아니다. 그럴듯한 현실, 또는 지젝의 방식대로 말한다면 현실보다 더 현실 같은 이미지다. 이 지점에서 주관과 객관은 순간적으로 경계를 상실한다. 헤겔에게 예술의 기능이 있다면 이런 상상적 관계를 형성시키는 것일지도 모른다.

헤겔에게 그림은 '자체 발광'하는 물질성의 표현이다. 외부의 존재existence를 지향하지 않는 주관은 없다. 노동을 통한 주관의 객관화, 이것이 헤겔이 정의하는 그림의 핵심이다. 예술 행위가 노동의 일종으로 승인받을 수 있는 것은 이 때문이다. 화가는 자연에서 물질을 마구 삼킨 뒤에 '자유롭게 토해내는 것'이다. 그러므로 그림은 축적의 산물이라고 할 수 있다. 이런 의미에서 무엇인가를 화가가 그린다는 것은 사물을 일대일로 복제한다는 뜻이 아니다. 여기에서 중요한 것은 상상력이다. 상상력은 물질적 재료들을 서로 이어 붙여서 재구성한다. 반짝이는 사물에 매료되는 것이 상상력의 원리이지만, 거기에서 그치는 것이 아니다. 상상력은 역설의 산물이다. 사물 그 자체를 전달하는 것이 상상력이지만, 이 과정은 정신의 내면성을 벗어나야 가능하다.

빛나는 외양은 여기에 없다

렘브란트가 〈야경〉에 그린 것은 '야간 파수꾼'이지만 이 모습은 현실에서 경험하는 그 야간 파수꾼과 다르다. 렘브란트의 혁명성은 여기에 있다. 의뢰인들이 초상화에 그려진 모습이 실제 모습과 너무 다르다고 불평했다는 일화는 유명하다. 그러나 이런 역설이야말로 그림에 감추어진 비밀이라고 헤겔은 생각했다. 주어진 것과 다른 무엇이 여기에 있다. 현실을 닮았지만 현실은 아닌 것, 이것이 그림이다. 관객은 이미 이 사실에 동의하는 것 같다. 렘브란트의 그림을 보면서 관객은 '사진 같다'고 말한다. 멋진 풍경을 보면서 '그림 같다'고 말하는 것과 같은 맥락이다. 이렇게 말할 때 우리는 무의식적으로 이미 그림과 현실 사이에 어떤 경계가 존재한다는 것을 인정하고 있다. 이 경계에서 리얼리즘이 탄생한다. 이런 리얼리즘은 확실히 현실을 있는 그대로 '복사'하는 것과 거리가 멀다.

헤겔의 관점에서 빛나는 사물의 외양은 곧 이상미이기도 하다. 이상적인 외양에 관객의 관심을 붙들어두는 것이 그림의 역할이다. 이를 통해 관객은 관조를 획득한다. 예술은 쓸모없고 무가치한 객체들을 고양한다. 물론 숭고한 내용을 예술이 전달하기 때문에 이런 고양이 가능한 것이 아니다. 오히려 하나의 형식으로 예술은 물질들을 통합한다. 앞서 말했듯이 형식이라는 것은 앎의 다른 이름이기도 하다. 그림은 형식이라는 본래적 앎을 일깨워준다. 이것은 곧 객체 스스로 종결되는 것을 의미한다. 자신의 원리에 따라 객체가 소임을 다하는 것. 그림과 세계 모두에서 관객은 그림이 아니라면 알아채지 못했을 사물들을 발견한다. 헤겔이 말하는 '새로움'은 이처럼 낯익은 것에서 낯선 것을 찾아내는 것이다. 그림은 현실을 되비추어주지만, 그 현실은 우리의 경험 너머에 있는 낯선 것을 보여준다.

경험의 과정에서 명멸하는 일상의 양상을 그림은 고정한다. 헤겔은 여기에서 '빛'을 강조한다. 헤겔이 열거하는 일상의 경험에서 중요한 요소가 바로 빛이다. 이 빛은 사물에 관한 관심을 의미하는 것이다. 외부의 존재, 다시 말해서 자연에 관심을 가질 때 비로소 사물은 그림에 고정되기 시작한다. 따라서 이런 의문을 가질 수 있다. 이 관심이라는 것은 외부의 자연에 대한 순간적 현상이다. 헤겔은 이 현상이야말로 자연을 정복한 그림의 증거라고 생각한다. 물론 이 정복은 일방적으로 그림이 자연을 지배한다는 의미라기보다는 자연이 없다면 그림의 정복도 있을 수 없다는 사실을 말해주는 것이기도 하다. 그림은 자연보다 이차적이지만, 강력하다. 이 사실이 '정복'이라는 의미에서 드러난다. 렘브란트의 그림에서 보이는 빛은 자연에서 경험하는 빛보다 더 강렬하다. 인공적인 것은 자연적인 것보다 더 집약적이다. 정제 설탕처럼, 인공의 단맛이 자연의 꿀보다 더 자극적인 것이다. 렘브란트가 즐겨 그린 자화상이 그렇지 않은가. 현실의 렘브란트보다 '더욱' 인상적인 존재가 화폭 속에 나타나 있지 않은가.

화가의 정신이 물질성을 정복한 결과물이 그림이라면, 렘브란트의 자화상은 헤겔의 전제를 훌륭하게 증명한다. 이 그림은 형식의 메타성을 드러낸다는 측면에서 헤겔의 명제를 잘 보여준다. 그림 속에 등장하는 인물은 화가 자신이고, 손에 들려 있는 것도 팔레트와 붓이다. 저 팔레트와 붓을 사용해서 화가는 지금 눈앞에 보이는 이미지를 만들어낸다. 렘브란트의 자화상은 단순하게 현실의 화가를 그린 것이라기보다 이런 그림의 원리를 보여준다.

네덜란드 화가들에게 현재성의 재현은 중요한 주제 의식이었다. 이 현재성은 그림을 통해 '다시 한번' 현재화한다. 이런 까닭에 그림은 곧 역사이기도 하다. 이 명제가 그림에 관한 헤겔의 입장이다. 〈야경〉에서 부르주아 시민사회의 출현을 읽어내는 헤겔의 논리는 이 명제에 굳건히 발 딛고 서 있다. 16세기부터 교역이 발달하고 자본주의적 민주주의가 지배적이었던 암스테르담에서 도저한 합리주의의 세례를 받은 '시민'이 만들어낸 작품이 바로 네덜란드 화가들의 그림이다. 헤겔은 이 사실을 정확하게 꿰뚫어 보고 있었다. 렘브란트의 〈야경〉과 자화상이 과거와 단절을 이루는 지점에서 헤겔은 그림과 역사의 관계를 찾아낸 것이다. 플라톤이 해결하지 못한 문제를 헤겔은 이렇게 해결하고 넘어간다.

네덜란드 화가들의 그림이 일차적으로 표현하는 것은 부르주아 시민사회가 누리는 자유와 기쁨이다. 그림에 등장하는 빛나는 사물은 자유연상의 결과물이 아니라, 네덜란드를 지배한 즐거움의 표현이라고 할 수 있다. 헤겔은 〈야경〉에 등장하는 빛이야말로 "열렬한 민족성의 감각에 의해 불붙여진 것"이라고 말한다. 정신의 발양이 언제나 관심과 관련을 맺는 까닭이 여기에 있다. 사물이 빛나는 것은 네덜란드의 정신이 스며들어 있기 때문이다. 네덜란드의 정신이 곧 화가의 정신을 통해 다시 그림에서 환기될 때, 〈야경〉은 탄생한다. 이 과정에서 네덜란드의 일상은 소멸한다. 이 종언의 끝에서 도래하는 것이 바로 예술이다. 따라서 예술은 일상의 종언을 암시하는 조종인 셈이다. 이를 통해 그림은 일상을 벗어난 자유와 즐거움을 관객에게 선사한다. 헤겔이 말하는 "합당한 즐거움에서 느끼는 정신적 명랑함"을 어떻게 줄 수 있는지 네덜란드의 화가

바르톨로메 에스테반 무리요, 〈포도와 멜론을 먹는 소년들〉, 1645~1646년

들은 잘 알았다.

자칫 이런 헤겔의 말은 즐겁고 고상한 것만을 보여주는 것이 그림의 임무인 것처럼 느끼게 만들 수 있다. 그러나 헤겔이 에스파냐의 화가 무리요Bartolomé Esteban Murillo, 1618~1682의 〈포도와 멜론을 먹는 소년들〉에 대해서도 비슷한 이야기를 한다는 사

실을 안다면, 상황은 달라진다. 무리요의 그림에 대한 헤겔의 논평은 이렇다.

> 그 그림의 대상도 외적으로는 비속한 자연에서 취한 것이다. 즉 어머니가 남자아이를 손으로 때리고 있는데도 그 아이는 묵묵히 빵만 씹고 있다. 또 다른 비슷한 그림에서는 누더기를 입은 가난한 두 사내아이가 수박과 포도를 먹고 있다. 그러나 이렇게 가난하고 반쯤 벌거벗은 상태에서도 내적으로나 외적으로, 어느 탁발승도 따라갈 수 없을 만큼 아주 태평하고 근심 없는 표정이 그들의 건강함과 삶에 대한 충만한 기쁨 속에서 비쳐 나오고 있다.[2]

이 작품에 대해 헤겔은 완벽하게 아무런 의식도 없이 앞으로 비쳐 나오는 표정을 보여준다고 했는데, 이 말은 렘브란트의 〈야경〉과 무리요의 〈포도와 멜론을 먹는 소년들〉이 공통적으로 일상을 벗어난 존재의 의미와 삶의 기쁨을 재현한다는 뜻이다. 비록 현실에서 거지에 불과한 소년이지만, 그림에서 그 모습은 올림포스의 신에 비길 만하다는 것이다.

시대를 초월하는 천재는 없다

흥미롭게도 이 당시 중국철학을 이미 알고 있었던 헤겔은 노장사상에서 말하는 '무위자연'을 염두에 두고 이런 말을 한 것처럼 보인다. 물론 그렇다고 헤겔이 노장사상을 긍정적으로 보았다는 의미는 아니다. 여기에서 그림이 보여주는 자유는 이상적인 것에 대한 개념을 통해 획득할 수 있는 것이다. 이상적인 것은 인간이 자기 자신에게 자기를 재현해 보이는 것을 의미한다. 개인은 곧 시대이고, 정신은 뼈인 것이다. 이를 통해 그의 정신은 발양된다. 도대체 이 모호한 말은 무엇을 의미하는 것일까?

헤겔이 황당한 형이상학을 설파하는 것은 아니다. 화가는 외부적으로 자기 자신을 표현해야겠다고 느낄 때 구체적인 내면적 행위를 통해 이를 실행한다. 그는 외부적 사물의 배치를 내재적 존재성을 통해 바꿈으로써 자신을 표현한다. 이렇게 만들어진 것에서 그는 자신의 개성을 발견하게 되는 것이다. 헤겔은 예술의 창조 과정과 일상적인 인간의 활동을 동일선상에 놓고 있다는 점에서 칸트의 '천재'와 다른 예술관을 보여준다.

칸트에게 예술은 천재의 산물이다. 이런 생각을 칸트가 처음 하지는 않았지만, 칸트의 논리는 이렇다. 예술은 기술로서 일정한 규칙을 습득하고 실행하는 것을 전제하지만, 또한 이 규칙으로 완전히 환원할 수 없는 어떤 요소가 있다. 이 규칙에 의거하되 속하지 않는 어떤 요소를 칸트는 타고난 천재의 '자연'이라고 보았다. 천재는 기술에 규칙을 부여하는 자연의 마음을 소유한 존재이다. 이런 천재는 먼저 단순한 모방에 그치지 않는 독창성을 만들어내고, 이 독창성이 다른 예술의 전범으로 자리 잡아 범용화하게 만든다. 그러나 천재도 이념이 어떻게 생겼는지 모른다는 점에서 '자연'인 것이고, 그래서 철학자와 다른 존재이다.

칸트는 천재라는 개념을 예술에 한정해서 사용해야 한다고 보았지만, 이런 원칙이 일관되게 지켜지진 않았다. 철학은 결코 배우거나 가르칠 수 없고, 오직 '철학하기'를 배울 수 있을 뿐이라고 했던 말에서 암시하듯, 칸트도 철학의 천재를 은연중에 생각했는지도 모른다.

이런 칸트의 생각에 반해, 헤겔은 천재를 일상과 동떨어진 곳에서 갑자기 출몰하는 선험적인 존재가 아니라, 일상과 함께 살아가는 현실의 존재로 규정했다. 천재에 대한 칸트의 딜레마를 헤겔은 자신의 천재론으로 해결하고자 했다고 할 수 있다. 헤겔에 따르면, 어떤 천재도 자신의 시대를 넘어서지 못한다. 역사는 언제나 개인의 한계를 강제한다고 헤겔은 그림에 대한 자신의 주장에서 밝히고 있다. 헤겔의 화가는 '낯선 것'을 배태하는 현실의 껴풀을 벗겨내는 행위자이다. 화가는 자신을 표현하지만, 이를 통해 시대의 정신을 드러내는 것이다. 이 시대의 정신은 익숙한 현실에서 사라지지 않고 감추어져 있는 빛의 형상으로 언제나 우리 앞에 다시 나타난다. 헤겔에게 그림은 시대정신의 출현이었던 셈이다.

2장

프로이트의 무의식과 다빈치의 〈모나리자〉

프로이트의 진술에 따르면,

〈모나리자〉는 조콘도 부인의 초상화라기보다는

'미소'를 그려놓은 작품이다.

이것은 초상화 모델이 소유하지 못한

그 어떤 것을 보여주는 것일지도 모른다.

레오나르도 다빈치, 〈모나리자〉, 1503~1506년

헤겔이 열어놓은 정신과 그림의 관계를 의식과 무의식의 문제로 새롭게 읽게 만든 장본인은 바로 프로이트Sigmund Freud, 1856~1939이고, 이런 프로이트에게 중요한 그림은 다빈치Leonardo da Vinci, 1452~1519의 〈모나리자〉이다. 프로이트는 이런 논의를 확대해서 '신비한 미소'로 잘 알려진 〈모나리자〉를 분석한다. 입꼬리가 말려 올라간 모나리자의 웃는 얼굴을 두고 프로이트는 "해석을 요청하는 표정"이라고 언급한다. 프로이트가 지적하고 싶은 것은 〈모나리자〉의 미소가 관객을 매혹하기에 앞서서 다빈치 자신에게 강렬한 인상을 남겼다는 사실이다. 어떻게 생각하면 당연한 말이다. 그랬기 때문에 다빈치가 〈모나리자〉를 그렸을 테니 말이다. 문제는 '모나리자의 미소'가 〈모나리자〉라는 작품에만 등장하는 것이 아니라는 점이다. 다빈치는 〈모나리자〉를 그린 뒤에 거의 모든 그림에서 이 미소를 반복해서 그린다. 심지어 문하생들조차 이 미소를 복제했다는 사실에 주목할 필요가 있다고 프로이트는 역설한다.

프로이트의 진술에 따르면, 〈모나리자〉는 조콘도 부인의 초상화라기보다는 '미소'를 그려놓은 작품이다. 이것은 초상화 모델이 소유하지 못한 그 어떤 것을 보여주는 것일지도 모른다. 물론 이런 묘사가 이 작품의 모델과 무관하다고 보기는 어렵다. 프로이트의 말대로 다빈치는 조콘도 부인의 얼굴에서 이 미소를 발견하고, 그에 매료되어서 자신의 판타지를 작동시키는 욕망을 투여했다고 보는 것이 타당하다. 이것을 프로이트는 어머니에 대한 다빈치의 욕망이라고 해석한다.

다빈치가 〈모나리자〉를 죽을 때까지 소장했다는 사실에서 프로이트의 이와 같은 분석은 상당한 설득력을 지닌다. 〈모나리자〉가 어머니에 대한 다빈치의 욕망을 구체적으로 표현한 것인지, 아니면 어머니에 대한 욕망 이전에 작용하는 결정 요소를 드러낸 것인지 명확하게 규정할 여지는 남아 있지만, 프로이트의 이런 접근법은 그림을 이해하기 위한 정신분석학적 방법론을 제시하기에 충분하다. 프로이트의 분석에서 우리는 〈모나리자〉라는 작품의 예술성을 구성하는 요소에 다빈치의 '콤플렉스'가 작용한다는 사실을 알아낼 수가 있다. 그의 예술 활동에 동기를 부여한 두 요소, 다시 말해서 독수리와 어머니라는 범주는 다빈치의 그림과 그 그림을 통해 표현된 무의식의 작동을 잘 드러낸다.

다빈치가 평생토록 그린 것이 사실은 자신의 판타지를 재생산하는 것이었다는 프로이트의 진술은 지금 읽어봐도 신선하다. 프로이트는 다빈치의 예술에서 완전성보다도 불완전성을 읽어냄으로써, 르네상스 합리주의 전통이라는 맥락에서 다빈치를 이해하는 관점을 완전히 뒤바꾸어버린다. 정신분석학이 궁극적으로 기획하는 것은 실제로 이런 합리주의 아래에 비합리적인 과잉과 광기의 세계가 있다는 진실이다. 〈모나리자〉는 그 사실을 증명하면서 우리 앞에 언제나 현시하고 있는 셈이다.

무의식이 만들어낸 다빈치

프로이트는 르네상스 미술에 지대한 관심을 갖고 다양한 조각상과 회화를 정신분석학의 관점에서 실험적으로 해석한다. 이 중에서도 특히 다빈치의 예술을 그의 성장과정을 통해 이해하는 선구적 방식을 취한 《레오나르도 다빈치: 유년 시절의 기억 Eine Kindheitserinnerung des Leonardo da Vinci》은 그림과 무의식을 연결시키는 프로이트 특유의 방법론이 돋보이는 작업이다. 다빈치의 노트를 보면 '독수리'에 대한 기억이 나오는데, "독수리는 요람 속에 있던 나에게로 날아와 꽁지로 내 입술을 열고 입술 사이를 몇 번이고 쓰다듬었다."라는 진술이 바로 그 문제의 내용이다. 프로이트는 이 기억을 근거로 다빈치의 첫 기억에서 동성애 성향을 읽어낸다. 프로이트는 다음과 같이 말한다.

> 인간의 의식을 구성하는, 성장과 관련한 사건에 대한 기억은 [당대 사건을 연대기적으로 기록한] 최초의 역사서에 비견할 만한 것이다. …… 만일 요람에 누워 있던 그를 찾아온 독수리에 대한 레오나르도의 이야기가 이후에 만들어진 판타지라고 한다면, 우리는 시간을 허비하면서 이 문제에 매달릴 이유가 없을 것이다. 운명에 의해 결정된 것으로 새들의 비상에 사로잡혔던, 비밀 따위를 만들지 않았넌 그의 성향에 근거해서 이 문제를 설명하면 만족스러울 것이다. 그러나 이 이야기를 이렇게 얕잡아본다면, 우리는 초기 민족의 역사에서 발견할 수 있는 전설이나 전통 그리고 해석을 부주의하게 거부하는 것과 마찬가지로 부당함을 범하는 것이다. 왜곡과 오해이긴 하지만, 이런 것들은 확고하게 과거의 현실성을 재현하고 있다. 이 이야기들은 초기에 사람들이 자신의 경험들을 형식화한 것이며 한때 강력

> 했고 여전히 오늘날에도 작동하고 있는 동기들의 지배를 보여주는 것인데, 그래서 현재 작용하고 있는 힘들을 이해하는 범위 내에서 이를 해체할 수 있다면, 구전되는 내용 아래에 깔려 있는 역사적 진실을 어렵지 않게 드러낼 수 있을 것이다. 동일한 방식을 우리는 개인의 유년 기억이나 판타지를 이해하기 위해 적용할 수 있다.[1]

여기에서 프로이트가 제시하는 '방법론'이야말로 지금 '비평'이라고 말할 때 익숙하게 목격하는 바로 그 분석 방식이라는 것을 금방 알 수 있다. 프로이트가 말하는 내용에서 핵심적인 것은 무엇인가? 바로 모든 이야기 또는 서사는 왜곡과 오해로 점철될 수밖에 없다는 것이다. 이런 왜곡과 오해를 해체하는 데 필요한 것은 현재에도 작동하는 '힘들의 관계'를 이해하는 작업이다. 이를 통해 프로이트는 역사 분석과 마찬가지로 개인의 기억이나 판타지도 이야기 또는 서사를 통해 접근 가능하다고 말한다.

프로이트의 〈모나리자〉 해석에서 확인할 수 있듯이, 정신분석학의 출현은 그림에 대한 새로운 '해석'의 길을 열어놓았다. 정신분석학은 곧 '무의식의 발견'이라는 하나의 사건을 중심으로 돌아가는 이론 체계다. 프로이트는 오스트리아에서 정신과의사로 경력을 시작했지만, 임상 치료에서 언어의 중요성을 깨닫고 정신분석이라는 새로운 기법을 개발했다. 정신분석학에서 중요한 것은 무의식이라는 개념이다. 프로이트의 상상력에서 무의식은 빙산의 은유로 종종 나타난다. 빙산에서 물에 잠긴 부분은 무의식, 수면 위로 드러난 부분은 의식이라는 것이다. 위로 작게 드러난 의식은 그 아래 거대한 무의식을 감추어두고 있다는 것이 프로이트의 상상력이다.

물론 프로이트의 이런 생각은 액면 그대로 받아들이기 어렵다. 프로이트의 논리대로라면, 눈에 보이는 것들은 모두 무의식의 작용을 '재현'하는 것에 지나지 않기 때문이다. 과도하게 생각하면, 마천루를 높게 지어 올리는 것도 곧 '성적 욕망'의 표현인 것처럼 해석될 수 있다. 그러나 무의식은 이렇게 단순하게 환원시킬 수 있는 것이 아니다. 프로이트가 무의식을 설명하려고 차용한 빙산의 은유는 마치 마르크스가 물질적 기반의 결정성을 주장하려고 도입한 토대와 상부구조의 은유 못지않게 오남용을 경계해야 할 것이다.

여하튼 프로이트의 정신분석학은 요즘 들어서 단순한 '픽션'으로 치부되는 것이 사실이다. 그가 내세운 다양한 심리적 문제 설정이 인지심리학과 같은 과학의 발달과 더불어서 오류로 판명 난 경우도 있고, 무의식과 의식의 관계를 프로이트가 생각한 방식으로 받아들이기 어려운 경우도 많다. 그러나 프로이트의 정신분석학에 대한 다양한 도전이 있음에도 불구하고, 그것의 가장 핵심적인 요소라고 할 무의식은 여전히 중요한 개념임이 틀림없다.

심리의 발견

프로이트와 정신분석학을 부정하더라도, 무의식 개념을 전면적으로 폐기할 수 없다는 사실은 무엇을 말해주는 것일까? 프로이트의 이론은 '문학적 허구'에 불과하다고 손쉽게 치부하더라도, 그 이론이 제기한 무의식의 범주는 그처럼 쉽게 폐기할 수 없는 것이다. 이론적 논란은 접어두고 그림과 관련해서 정신분석학의 의의를 꼽는다면, 무엇보다도 무의식의 작용을 부각함으로써 그림의 '자율성'에 대한 믿음을 해체하는 계기를 마련했다는 점이다. 말하자면, 모든 그림은 자기 자신에게서 내적 논리를 획득하는 것이 아니라, 알 수 없는 타자에게서 자신의 근거를 확보하는 것이라는 인식을 던져준 것이다. 여기서 그림은 현실보다 완전한 세계를 표현한 것이 아니라, 불완전한 현실을 드러낸 것이라는 새로운 관점이 탄생할 수 있었다.

실제로 이런 인식의 전환은 인상파에서 후기인상파로 넘어오는 그 지점에서 이미 예견되었다. 그림을 자연에 대한 충실한 모사라고 생각한 과거의 미학에서 벗어나서 '인공적인 것'의 표현이라고 생각하기 시작한 계기는 바로 '심리의 발견'과 밀접한 관련을 맺고 있다. 이런 흐름이 절정에 달한 예술운동 중 하나가 바로 초현실주의일 것이다. 초현실주의는 정신분석학에서 언급하는 무의식을 아예 예술의 대상으로 삼을 정도로 처음부터 정신분석학의 이론을 배제하고는 이해하기 어려운 예술운동이었다. 무의식을 드러내는 기법을 다양하게 실험한 초현실주의는 프로이트의 정신분석학을 미학적으로 전유한 대표적인 사례이다. 브르통André Breton, 1896~1966이 작성한《초현실주의 선언Manifeste du surréalisme》에서 이런 정신분석학적인 전제를 발견하는 것은 어렵지 않다. "삶에 대한 믿음"이 붕괴하는 그 지점에서 '실재'의 삶에 대한 자각을 이룰 것이라는 첫 문장의 의미는 초현실주의의 출발점을 확인시켜주는 것이기도 하다.

초현실주의가 내세운 신조는 "이미지는 순수한 마음의 창조물"이라는 것이다. 이것은 그림의 이미지를 중세처럼 현실의 재현이나 반영으로 생각하지 않는다는 선언이다. 여기에는 이미지가 두 개의 현실성을 서로 포개놓는 것이 아니라는 자각이 깔려 있다. 재현의 미학 체제에서 반재현의 미학 체제로 예술이 전환하는 논리적 근거를 여기에서 발견할 수 있다. 그림이 화폭의 바깥에 있는 현실을 참조하지 않고 내면의 논리로 구성되는 것이라는 사실에 대한 인정은 근대적 미학 체제에서 핵심적인 이념을 만들어냈다. 프로이트의 정신분석학에서 제시한 무의식의 개념은 이런 이념을 뒷받침해주는 중요한 근거였다.

프로이트는 공식적으로 정신의학자이자 정신분석학의 창시자였지만, 거의 모든 문화인류학적인 주제에 대해 논평을 가한 저술가이기도 했다. 정신의학적인 주제만을 대상으로 삼지 않았다는 사실에서 프로이트의 왕성한 호기심을 읽어낼 수 있다. 인류학적인 발견에서 종교와 예술 그리고 사랑이라는 주제까지 망라하는 그의 글은 새로운 세계관의 출현을 강력하게 요청하던 당대의 산물이라고도 할 수 있다.

19세기 이래로 발전한 과학기술은 사회를 구성하는 인식 체계를 완전히 바꾸어놓았고, 이를 통해서 세계를 이해하고 개입하는 세계관의 변화가 필수적으로 강제될 수밖에 없었다. 이런 현실에서 프로이트는 한발 물러서지 않고, 앞으로 더 나아가서 적극적으로 자신의 견해를 밝혔다. 그는 수많은 글을 썼는데, 그중에서도 100통이 넘는 연애편지는 가히 압도적이라고 할 수 있다. 이 정도로 많은 연애편지를 한 여인에게 쓴 남자는 인류사를 통틀어 카프카 정도밖에 없을 것이다. 말년에 설암으로 고통을 받으면서도 프로이트는 꿋꿋하게 자신의 연구를 수행했다는 점에서 이론의 차원과 별도로 삶의 문제에서도 충분히 관심을 끌 만하다.

프로이트는 다빈치의 예술을 어떤 천재적 산물로 설정하지 않고, 유년의 기억을 통해 형성된 무의식의 어떤 결과물로 파악하고자 한다. 그래서 프로이트는 앞서 인용한 방법론에 따라 다빈치의 그림들을 이해할 실마리를 찾아내려는 것이다. 요람에 누워 있을 때 독수리가 찾아왔다는 다빈치의 진술은 다빈치를 연구하는 미술사가들에게 신뢰할 수 없는 사료에 불과했다. 다빈치는 르네상스를 대표하는 전인적 인간으로 설정되는 것이 이런 관점이 도달하는 최종 목적지였다. 그런데 프로이트는 이런 자명한 이해에 대해 반기를 들었다. 이와 같은 프로이트의 태도는 서양 예술사를 지배하는 낭만주의에 대한 강력한 대안을 제시하는 것이기도 하다는 점에서 흥미롭다. 특히 베냐민과 같은 독일의 문예학자는 프로이트를 원용해서 낭만주의에 대한 자신의 비판을 완성하는 것처럼 보이는데, 이처럼 프로이트는 예술에 생각보다 지대한 영향을 끼쳤다.

어떻게 생각하면 사소한 일화에 불과한 다빈치의 진술에서 프로이트는 다빈치의 예술 세계를 이해할 실마리들을 찾아낸다. 프로이트는 "어떤 사람이 간직하고 있는 유년의 기억은 대수롭지 않은 것이 아니다."라고 말하면서 이런 기억이야말로 "심리적인 발달에서 가장 중요하게 작용한 특질에 대한 결정적 증거의 조각들을 제공하는 것"이라고 주장한다. 이 지점에서 프로이트는 은근슬쩍 "지금은 정신분석학이라는 기법이 있기 때문"에 이런 분석이 어렵지 않다고 자화자찬을 늘어놓는다.

다빈치의 판타지

프로이트의 발언을 종합해보면, 정신분석학은 이처럼 이야기를 구성하는 과정에서 발생한 왜곡과 오해를 해체하여 진실을 밝혀내는 것이라고 할 수 있다. 그 진실은 다른 무엇도 아닌 무의식의 진리다. 이 진리는 곧 경험의 현실성을 되살려내는 것이기도 하다. 그러나 이런 현실성을 복원하는 것이 의지만으로 이루어지는 것은 아닐 것이다. 모든 것이 이렇게 자명하다면 정신분석학을 특별한 '기법'이라고 말할 수는 없지 않겠는가. 감추어진 내용을 빛으로 나오게 한다는 점에서 프로이트의 정신분석학은 고대 그리스철학의 정신에 충실하다. 그리스에서 철학은 곧 앎에 관한 관심 또는 호기심이었고, 앎은 어둠 속에서 보이지 않는 것에 빛을 비추어 밝혀보는 것이라는 의미를 내포했기 때문이다.

이런 까닭에 프로이트가 진술하는 정신분석학의 의미는 상당히 그리스적인 사유를 전제하는 것이기도 하다. 빛을 비춘다는 말을 오해해서 무의식과 의식이 따로 노는 것이라고 착각할 수도 있겠지만, 프로이트의 문제의식은 곧 무의식의 논리를 드러내는 것이다. 무의식은 '언어'라는 빛에 노출된 것이라는 점을 간과할 수가 없다. 문제는 변화무쌍한 빛의 무늬다. 어떤 문제의 답을 총체적으로 구하는 데 필요한 것은 하나의 각도에서 빛을 비추는 것이 아니라 여러 각도에서 대상을 면밀하게 살피는 것이라는 사실을, 프로이트는 정신분석학에 대한 정의에서 암시한다.

이와 같은 입체적 고찰에서 핵심적인 것은 다빈치의 삶을 나타내는 이야기들 사이에서 발견하는 '틈'을 메우는 작업이다. 이 작업에 필수적인 것이 유년에 형성된 다빈치의 판타지를 분석하는 것이다. 프로이트에 따르면, 다빈치가 직접 고백하는 독수리에 대한 일화는 유년의 판타지 자체다. 판타지는 현실과 상상이 뒤섞인 이미지이며, 현실의 논리가 개입하긴 하지만 전일적으로 지배하는 상태는 아니다. 판타지는 현실에서 발생한 트라우마를 우회하려고 발명된 장치다.

그러나 역시 문제는 남는다. 이렇게 틈을 메워서 얻어낸 분석의 결과물이 과연 정확한지 그렇지 않은지 알 길이 없다는 것이다. 물론 완벽하게 확정적인 결론을 이끌어낼 수는 없다. 다만 일정한 근사치를 확보할 필요가 있는데, 이를 위해서는 유사한 연구들을 참조해야 한다. 주목할 만하게도, 이 연구들은 일관되게 다빈치라는 '신비한 인물'에 대한 이야기들을 들려주고 있다. 물론 독수리 일화처럼 현실성이 떨어지는 이야기는 다빈치라는 수수께끼 같은 인물을 더욱 기이하게 만드는 요소이기도 하지만, 실제로 이 일화도 가만히 뜯어보면 우리가 매일 꾸는 꿈과 비슷한 논리로 구성된 것에 불과하다고 프로이트는 말한다. 다시 말해서 프로이트는 유년의 기억에 대한 다빈치의 진술을 꿈과 동일한 논리로 파악하는 것이다.

'다빈치의 기억은 꿈에 지나지 않는다'라는 의미로 이 말을 받아들이는 것은 지나치게 단순한 해석이다. 프로이트는 '현실에서 일어나기 어려운 일'에 대해 진술하는 다빈치의 이야기가 어떻게 진실을 담을 수 있는지를 밝혀내려는 것일 뿐이다. 알고 보니 다빈치의 이야기는 어린 시절 그가 꾸었던 꿈에 불과했다는 것을 증명하기 위함이 아니다. 여기에서 프로이트는 특유의 언어분석을 도입한다. 정신분석이 궁극적으로 '말한 내용'에 대한 분석이라는 사실을 다시 한 번 잘 보여주는 사례를 프로이트는 다음과 같이 제시한다.

> 독수리에 대한 레오나르도의 판타지를 정신분석가의 눈으로 본다면, 전혀 이상하게 보이지 않을 것이다. 예를 들어, 꿈과 같은 것에서 우리는 비슷한 사례들과 조우한다는 사실을 상기할 수 있을 것이다. 그래서 우리는 특별한 언어로부터 일반적으로 이해되고 있는 말들로 판타지를 번역해야만 한다. 이 번역의 과정에 따라 획득한 내용이 지칭하는 것은 성애적인 내용인 것처럼 보인다. 꼬리를 의미하는 'coda'라는 단어는 다른 언어와 마찬가지로 이탈리아어에서도 남성 성기에 대한 가장 익숙한 상징이자 대리적인 표현이다. 독수리가 아이의 입을 열고 그 안을 심하게 꼬리로 두드렸다는 판타지의 상황은 남성 성기가 입속으로 들어가는 펠라티오의 행위와 일치하는 것이다.[2]

다빈치의 이야기에 등장하는 독수리와 아기의 관계를 성적인 것으로 파악하는 이런 진술은 상당히 충격적이다. 프로이트는 다빈치의 진술에서 독수리와 아기의 관계 설정을 볼 때 아기가 절대적으로 수동적일 수밖에 없으므로 이런 성적 관계가 '동성애'에 기초한다는 진술까지 나아간다. 과연 이런 프로이트의 분석은 근거가 있을까? 기록에 따르면 다빈치는 여성과 성관계를 거부했고, 1476년에 동성애 혐의로 기소되어 고역을 치르기도 했다. 또한 다빈치의 작업실은 언제나 미소년들로 붐볐다고 한다. 다빈치에 대한 다른 기록에서 프로이트의 분석을 뒷받침할 만한 증거들을 찾아내는 것은 어렵지 않다. 그리고 어쩌면 이런 확인은 굳이 프로이트가 말하는 정신분석학의 기법을 동원하지 않더라도 가능한 일일지도 모른다.

프로이트처럼 굳이 다빈치의 유년 기억에서 동성애적 요소를 찾아내어, 서자로 태어난 다빈치가 어머니를 각별하게 생각할 수밖에 없었고, 이로 인해서 수동적인 동성애 성향을 가질 수밖에 없었다고 말할 필요도 없다. 다빈치에 대한 여러 기록만 참조하더라도 다빈치는 동성애자였거나, 동성애자는 아니더라도 최소한 미소년에 대한 성적 취향을 가진 사람이었다고 말할 수 있다는 것이다.

이런 한계가 있음에도 프로이트의 다빈치 분석은 여전히 유효한 지점들을 보여준다. 프로이트는 '전인적 인간'이라고 불리는 다빈치의 창조성이 실제로 그 재능의 완결성에서 발생한 것이라기보다, 심리의 불완전성에서 기인하는 것이라는 사실을 밝히고 있다. 프로이트가 독수리의 꼬리를 남성의 성기에 대한 상징으로 보거나 이를 통해 어머니와 다빈치의 관계를 유추해내는 것은 오늘날 그렇게 설득력 있는 견해라고 보기 어렵다. 프로이트의 주장에서 새겨들어야 할 것은 무의식의 작용과 다빈치의 예술 또는 삶이 밀접하게 틀 지워져 있다는 견해일 것이다. 예술의 필연성이 여기에서 드러난다고 할 수 있다. 이 필연성이야말로 다빈치의 예술을 지배하는 하나의 법칙이다.

3장

하이데거의 존재자와 반고흐의 〈구두 한 켤레〉

신발 한 켤레에 담긴 온갖 성질이

반고흐의 그림을 통해 전달된다.

이것을 하이데거는 '존재의 드러남'이라고 불렀다.

일상에 파묻혀 아무것도 아닌 것처럼 보이는 사물을

본래의 자리로 돌려주는 것,

말하자면 그 '도구'가 시작된 곳으로 되돌아가게 하는 것이

바로 철학과 예술이 하는 일이다.

빈센트 빌럼 반고흐, 〈구두 한 켤레〉, 1886년

하이데거Martin Heidegger, 1889~1976의 그림을 지목한다면 반고흐Vincent Willem van Gogh, 1853~1890의 〈구두 한 켤레〉일 것이다. 1930년 하이데거는 네덜란드의 암스테르담에서 이 그림을 본다. 이때 반고흐의 그림을 본 경험을 토대로 그는 〈예술 작품의 근원Der Ursprung des Kunstwerkes〉이라는 유명한 논문을 쓴다. 이 논문을 쓰기 전까지 하이데거가 본격적으로 예술 작품에 대해 논의한 적은 없었다. 《존재와 시간Sein und Zeit》에서 예술에 대해 언급하긴 했지만, 예술 작품의 존재에 대한 고찰이라기보다는 예술 작품의 제작을 공예로서 간주하는 것에 더 가까웠다.

하이데거가 누구인가. 바로 사물을 그대로 파악하려고 '존재Sein'를 쉼 없이 탐구한 20세기 대표적인 철학자가 아닌가. 그에게 철학은 '있음-이다'라는 존재의 현상에 대한 끊임없는 사유였다. 그렇기 때문에 그에게 철학은 명료한 논리라기보다는 시나 예술에 가까운, 모호한 울림을 주는 존재에 대한 근원적 사유 작용 자체였다. 이런 까닭에 그가 예술 작품을 본격적으로 철학의 대상으로 설정한 것은 상당히 흥미로운 반전이라고 할 수 있다. 하이데거에게 철학의 임무는 세계를 온전하게 드러내는 것이다. 그러나 과학의 시대를 점령한 과학적 탐구는 모든 것을 해명할 수 있는 것처럼 보이지만 사실은 세계를 완전하게 파악할 수 없는 단편적인 관찰일 뿐이라는 것이 그의 주장이다.

물론 이렇게 하이데거의 사상을 하나하나 따지면서 예술 작품에 대한 그의 생각이 어떻게 변화해갔는지를 알아보는 일은 쉽지 않다. 살아서 100여 권에 달하는 저서를 출판한 그의 궤적을 따라가면서 일일이 사유의 흔적을 추적하겠다는 것은 만용에 가까울 것이다. 중심을 잡지 않으면 그가 만들어놓은 거대한 개념의 바다에서 익사할 수도 있다. 아무리 풍랑이 거세도 놓지 말아야 할 돛대가 바로 예술 작품의 근원에 대한 그의 논의다. 그래서 반고흐의 〈구두 한 켤레〉에 대한 하이데거의 해석이 중요한 것이다.

하이데거는 습관적인 해석의 위험을 벗어나기 위한 소박한 방편으로 반고흐의 그림을 소재로 택해서 논의를 전개하겠다고 말한다. 그에게 중요한 것은 도구가 진실로 무엇인지를 경험하는 것이다. 반고흐의 그림은 이런 하이데거의 전략을 위해 철학의 법정으로 불려 나온다.

> 우리는 일상적 도구의 한 예로, 농부의 신발 한 켤레를 택하기로 하겠다. 이것을 기술하기 위해서는, 이러한 종류의 사용 도구들 가운데 몇 켤레의 실제적인 신발이 필요하지는 않다. 누구나 신발을 잘 알고 있다. 그러나 구체적[직접적]으로 기술하는 것이 중요하기 때문에, 쉽게 시각화하는 것이 좋을 듯싶다. 이런 일을 위해서는 삽화적 설명으로 족할 것이다. 이에 우리는 이러한 종류의 신발을 여러 차례 그린 적이 있는 반고흐의 잘 알려진 유화 한 폭을 택하기로 하겠다.[1]

하이데거가 반고흐의 〈구두 한 켤레〉라는 그림을 〈예술 작품의 근원〉이라는 논문에 사용하는 까닭은 이처럼 습관적인 해석의 '침해'를 극복하려는 것이었다. 이 습관적 해석이라는 것은 왜 발생하는 걸까? 바로 사물에 대한 선입견으로 인해 생겨난다. 존재자는 인간의 재현 활동과 밀접하게 관련을 맺고 있다. 왜냐하면 존재자는 곧 도구이고, 이 도구는 우리 자신의 '제작 활동'을 통해 존재에 도달하기 때문이다. 복잡한 것을 단순하게 이야기하면, 존재자는 쓰임새를 가진 구두 한 켤레이고, 존재는 이 구두 자체를 가능하게 만드는 사물의 성질을 의미한다. 존재의 차원에서 구두는 어떤 쓰임새에도 구애를 받지 않는 본래성을 드러낸다고 하이데거는 생각했다.

이런 맥락에서 하이데거는 '도구'로서 구두가 사물과 작품 중간에 위치하는 독특한 존재자라고 말한다. 이것을 하이데거는 '도구의 도구성'이라고 명명한다. 이 도구의 도구성, 다시 말해서 도구를 도구이게 만드는 그 성격을 알아보는 방식으로 하이데거는 그림을 호출한다. 사실 흥미로운 것은 이 지점이다. 하이데거는 도구의 도구적 성격을 살펴보려고 반고흐의 〈구두 한 켤레〉를 논의의 중심으로 끌고 오는데, 그림이야말로 '시각성'을 통해 도구의 도구적 성격을 선입견 없이 드러낸다고 생각했기 때문이다. 그래서 하이데거는 반고흐의 그림에 나타나는 시각적인 요소들을 다음과 같이 묘사한다.

> 누구나 신발에는 무엇이 속하는지 잘 알고 있다. 그것이 나막신이나 짚신이 아닌 다음에야 거기에는 가죽으로 된 깔창과 윗가죽이 있고, 이 두 가지는 실과 바늘로 꿰매져 있다는 것을 잘 알고 있다. 이렇게 만들어진 도구는 신기 위한 것이다. 물론 그것이 밭에서 일할 때 신는 것인가, 아니면 춤출 때 신는 것인가 하는 용도에 따라, 재료(질료)와 형태(형상)는 달라진다.[2]

하이데거에게 중요한 것은 이 존재자의 경험을 먼저 살펴보는 일이다. 재현 활동과 밀접한 관련 있는 것이 바로 예술 작품의 제작 행위이기 때문이다. 하이데거는 명쾌하게 예술 작품의 위치를 설정한다. 예를 들면 이런 것이다. 예술 작품은 의자나 바위처럼 손으로 만질 수 있는 것은 아니다. 그래서 예술 작품은 의자나 책상처럼 즉시 쓸 수 있도록 존재하는 것도 아니고, 바위나 나무처럼 손에 닿는 곳에 존재하는 것도 아니다. 그러나 이런 예술 작품의 속성은 이 세상에 부재하기 때문에 그런 것이 아니라, 두 존재의 속성을 모두 체현하고 있음에도 둘 중 어디에도 속하지 않는 예술 작품의 중립성 때문에 가능하다. 말하자면, 예술 작품을 예술 작품이게 만드는 '어떤 특성'인 것이다. 이렇게 예술 작품만이 지닌 고유한 특성은 무엇일까?

예술 작품은 어떻게 예술 작품이 되는가

하이데거에 따르면, 예술 작품은 자연물을 가공해서 만든 것이기 때문에 나무나 바위 같은 자연 자체는 아니다. 그렇다면 의자나 책상 같은 쓰임새를 가진 도구여야 할 텐데, 예술 작품이 어떤 도구성을 갖는 것은 아니다. 조선백자에 밥을 담아 먹거나 인상파의 그림으로 식탁보를 만드는 것은 자유이지만, 이렇게 예술 작품을 마구잡이로 '사용'하는 것이 곧 그 도구성을 증명하는 것이라고 말하기는 곤란하다. 오히려 예술 작품을 이런 식으로 쓴다면 어리석은 일이라고 비난받을 공산이 크기 때문이다. 자연과 도구 어디에도 속하지 않는 예술 작품의 속성을 만들어내는 요소는 바로 예술 작품의 '목적 없음'이다. 예술가가 자연물을 이용해서 작품을 만들었지만, 이 작품은 아무런 목적을 갖지 않는다. 이 사실에서 하이데거는 예술의 사물성을 발견한다. 그럼 하이데거가 이런 문제의식을 어떻게 설명하는지 확인해보자. 예술 작품의 도구성에 대해 자세한 설명을 늘어놓은 후에 하이데거는 반고흐의 〈구두 한 켤레〉를 다음과 같이 묘사한다.

> 너무 오래 신어서 가죽이 늘어나버린 신발이라는 이 도구의 안쪽 어두운 틈새로부터 밭일을 나선 고단한 발걸음이 엿보인다. 신발이라는 이 도구의 수수하고도 질긴 무게 속에는 거친 바람이 부는 드넓게 펼쳐진 평탄한 밭고랑 사이로 천천히 걸어가는 강인함이 배어 있고, 신발 가죽 위에는 기름진 땅의 습기와 풍요로움이 깃들어 있으며, 신발 바닥으로는 저물어가는 들길의 고독함이 밀려온다. 신발이라는 이 도구 가운데에는 대지의 말

없는 부름이 외쳐오는 듯하고, 잘 익은 곡식을 조용히 선사해주는 대지의 베풂이 느껴지기도 하며, 또 겨울 들녘의 쓸쓸한 휴경지에 감도는 해명할 수 없는 대지의 거절이 느껴지기도 한다. 더 나아가 이 도구에서는, 빵을 확보하기 위한 불평 없는 근심과 고난을 이겨낸 후에 오는 말 없는 기쁨과 출산이 임박해서 겪어야 했던 [산모의] 아픔과 죽음의 위협 앞에서 떨리는 전율이 느껴진다. 이 도구는 대지(Erde)에 속해 있으며, 농촌 아낙네의 세계(Welt) 속에 포근히 감싸인 채 존재한다. 이렇듯 포근히 감싸인 채 귀속함(das behütete Zugehören)으로써 그 결과 도구 자체는 자기 안에 [고요히] 머무르게(Insichruhen) 된다.[3]

이 유명한 진술에서 하이데거는 예술의 본질에 대한 독특한 견해를 드러낸다. 도대체 하이데거가 생각한 예술의 본질은 무엇이었을까? 여기에서 하이데거는 '농부의 신발'이라는 존재자가 어떻게 예술 작품을 통해 존재를 드러내는지를 설명한다. 신발 한 켤레에 담긴 온갖 성질이 반고흐의 그림을 통해 전달된다. 이것을 하이데거는 '존재의 드러남'이라고 불렀다. 그림은 이렇게 평범하기 그지없는 농부의 신발 한 켤레를 '자기 안에 머무르는 존재'로서 보이게 만든다. 이런 역할을 하므로 예술은 철학과 같은 작업에 속할 수 있는 것이다.

일상에 파묻혀 아무것도 아닌 것처럼 보이는 사물을 본래의 자리로 돌려주는 것, 말하자면 그 '도구'가 시작된 곳으로 되돌아가게 하는 것이 바로 철학과 예술이 하는 일이다. 따라서 하이데거의 철학에서 핵심적인 것은 진리를 곧 알레테이아ἀλήθεια라고 바라보는 관점이다. 알레테이아는 그리스어로 진리라는 뜻인데, 원래 '숨기지 않는' 또는 '잊어버리지 않는'이라는 의미다. 그래서 하이데거는 '열림의 열려 있는 상태'를 진리라고 불렀던 것이다. 이 열려 있는 상태, 다시 말해서 진리로 나아갈 수 있는 길은 두 갈래였다. 첫 번째는 '올바름을 가능하게 만드는 근거를 탐구하는 것'이고, 두 번째는 그 시작의 순간을 성찰하는 것이다. 전자가 《존재와 시간》을 위시한 초기 하이데거 철학이 추구한 목표였다면, 후자는 후기 하이데거 철학이 추구한 목표였다.

반고흐의 그림에 대한 하이데거의 논의는 후기 철학의 시발점으로서, 무엇이 옳고 그름을 따지는 전기 철학과 달리 현상이 어떻게 시작된 것인지를 파고들어 사물성을 그 자체의 논리로 드러내려는 시도였다. 이를 통해서 하이데거는 철학과 예술, 더 정확히 말하면 시를 동격에 놓은 철학자였다. 물론 이 말을 곡해해서 철학이 곧 시라고 생각하는 것은 하이데거를 너무 단순하게 이해하는 것이다. 시는 철학의 진리를 담보하는 '환한 밝힘'이자 '은닉'이기 때문이다. 예술의 본질은 '존재자의 진리가 작품-속으로-스스로를-정립하고 있음das Sich-ins-Werk-Setzen der Wahrheit des Seienden'이다. 존재자는 이 세계에 존재하는 개별자이다. 예술 작품 내에서 진리가 어떻게 스스로를 정립하는지를 설명하려고 하이데거는 반고흐의 구두 그림을 사례로 든 것이다. 그에게 구두는 바로 존재자이고, 이 구두를 그린 반고흐의 그림은 구두라는 존재자의 존재를 밝히는 장소이다. 그래서 하이데거는 다음과 같이 말한다.

> 이 존재자가, 즉 한 켤레의 농촌 아낙네의 신발이 작품 속에서 자기 존재의 빛 가운데로 들어선 것이다. 존재자의 존재는 지속적으로 밝혀지는 그런 [개방된] 장소에 이르게 된다.[4]

'지속적으로 밝혀지는 그런 [개방된] 장소', 이 말은 무슨 뜻일까? 쉽게 말하면, 예술 작품을 통해 드러난 구두 한 켤레라는 사물 자체이다. 앞서 이야기했듯이, 이렇게 반고흐의 그림에 등장하는 그 구두는 더는 한 켤레의 구두라는 일상적인 물건에 머물지 않고 '존재'로 거듭 태어나게 된 것이다. 이런 주장은 기존의 미학에 대한 하이데거의 비판을 내포한다. 하이데거의 불만은 예술을 오직 '아름다운 것das Schöne'에 국한해서 파악하려는 태도이다. 그에게 예술은 다른 무엇보다도 진리와 관계하는 존재의 정립 자체이기에, 오직 아름다움을 기준으로 예술을 구분하는 것은 잘못이라는 뜻이다.

예술 작품의 진리

진리는 존재의 드러남이고, 환히 밝혀지는 것이다. 예술 작품은 이 진리를 드러내는 장소이다. 진리를 드러내는 것은 '작업'으로서 세계와 대지를 밝힌다. 이런 까닭에 진리는 세계와 대지에 머문다. 마치 현존재가 이미 이 세상에 던져졌다는 그 사태로서 자신을 이해하는 것과 동일한 방식으로, 예술가는 예술 작품을 통해 자신의 존재 의미를 부여받는다. 예술 작품은 예술가를 존재하게 한다. 이런 까닭에 하이데거는 친나치 전력을 겨냥해서 아우슈비츠 이후 시의 의미를 집요하게 캐묻는 홀로코스트 시인 파울 첼란의 질문에 대해 "시는 시인을 있게 하는 것"이라고 대답할 수밖에 없었다.

논란을 불러일으킨 이 발언은 하이데거의 입장에서 본다면 별반 새로운 주장이 아니다. 예술이 예술가를 '있게 하는 것'이라는 말은 예술 작품을 제작해야 예술가일 수 있다는 말이기도 하기 때문이다. 말하자면, 시는 바로 시인을 존재하게 만드는 근원이다. 시인이 시를 짓는 것이 아니라 시가 시인을 있게 한다는 발상이야말로 하이데거의 형이상학을 정확하게 설명해주는 것이다.

예술은 비인격적인 힘과 같은 것이다. 그래서 하이데거는 예술가가 예술을 하는 것이 아니라, 예술이 예술가에게 행위를 하도록 만든다고 본다. 이런 관점에서 보면, 반고흐의 그림은 반고흐라는 개인의 작품이 아니라, 반고흐를 존재하게 만든 근원적인 진리의 드러남이다. 하이데거의 주장은 대단히 중요하다. 왜냐하면 예술은 예술가의 의지를 통해 만들어진 결과물이 아니라, 철저하게 예술의 자기 목적이라는 사물성을 통해 만들어진 것이라는 말이기 때문이다. 따라서 하이데거의 생각에 따르면, 하나의 작품은 존재와 세계를 통해 이해되어야 하지, 예술가의 개성에 근거해서 인식되는 것이 아니다. 반고흐의 그림은 반고흐의 것이 아니라, 자기 목적을 가진 예술이 반고흐를 이용해서 나타난 것이다.

이 지점에서 하이데거는 예술의 수동성에 대한 중요한 의견을 내놓았다고 볼 수 있다. 예술이 예술가라는 개인의 산물이 아니라는 통찰은 이후 상당히 많은 예술 사상에 영향을 미치게 된다. 사르트르와 라캉 그리고 들뢰즈에서 랑시에르에 이르는 예술에 대한 논의에서 하이데거의 흔적을 찾아내기란 어렵지 않다. 사르트르가 말하는 '패배함으로써 승리하는 예술가'나 들뢰즈의 '도주하는 예술가' 그리고 랑시에르가 언급하는 '미학 체제에 종속된 예술가'라는 개념 규정의 배후에 예술과 예술가의 관계를 새롭게 정의한 하이데거의 생각이 드리워져 있다.

물론 예술과 철학이 동격이니, 철학 또한 철학자의 합리성보다는 이렇게 비인격적인 힘에 사로잡혀 있는 사유라고 볼 수 있다. 사실 하이데거가 반고흐의 그림을 끌고 들어와서 진리의 드러남을 설명하는 까닭도 이런 철학의 속성을 규정하기 위한 것이다. 철학을 지배하는 힘이라는 개념은 니체의 '힘을 향한 의지'를 연상시킨다. 하이데거가 니체를 읽는 방식대로 이해한다면, 여기에서 힘은 곧 '시작의 지점'을 의미한다. 발원해서 시작한 그 지점으로 끊임없이 돌아가려는 힘이야말로 예술과 철학을 가능하게 만드는 동력인 것이다.

그래서 하이데거는 예술에 대한 자신의 견해가 미학으로 오인받는 것을 싫어했다. 흥미롭게도 하이데거는 예술을 미학의 문제로 파악하지 않았다. 미학은 그리스어로 '감각-인식'이라는 범주를 전제한다. 하이데거가 보기에 미학은 관중에게 아첨함으로써 예술 작품과 예술가의 관계를 사장한다. 피상적이고 인식 가능한 아름다움만을 강조하는 미학은 예술 작품의 존재에 관심을 기울이지 못하게 한다. 미학은 예술 작품을 느낌과 이념을 위한 하나의 대상으로 환원시킨다. 대상에 고정되는 순간, 예술 작품은 존재의 드러남이라는 진리의 차원에서 이탈해서 전시회나 박물관에 담기기 적절한 하나의 물체로 전락한다. 이런 식으로 예술 작품을 취급하는 것은 하이데거의 입장에서 부당한 일이다.

무엇보다도 예술 작품은 진리를 구현하는 것이 우선이고, 감각적이거나 아름다운 요소는 부차적이다. 예술 작품의 진리성은 마치 강물로 인해 강둑이 형성되는 것과 마찬가지로 예술가를 만들어낸다. 물론 이 예술가와 쌍벽을 이루는 존재가 이런 예술 작품을 소유하고 보전하는 수집가일 것이다. 예술 작품을 힘의 의지와 관련해서 생각했다는 점에서 하이데거는 니체와 예술에 대한 관점을 일정하게 공유한다고 할 수 있다. 니체는 예술을 다섯 가지 명제로 파악했다. 첫째, 예술은 힘을 향한 의지를 가장 투명하게 드러내는 형식이다. 둘째, 예술은 예술가와 관련해서 이해되어야 한다. 셋째, 예술은 예술가의 개념이 확장된 것이고, 모든 존재자의 발현이다. 따라서 존재자들이 있는 한, 예술은 스스로 자신을 만들면서 만들어진다. 넷째, 예술은 허무주의에 대항하는 가장 확실한 운동이다.

다섯째, 예술은 생의 자극제이자 진리보다 더 가치 있는 것이다. 앞서 이야기했듯이, 하이데거는 둘째와 다섯째 명제에 동의할 수 없었다. 하이데거의 입장에서 예술가는 예술을 선행할 수 없다. 그리고 예술이 진리보다 우월할 수는 있지만, 예술의 진리는 니체의 진술과 달리 견고한 범주와 개념으로 현재 상황을 있는 그대로 정확하게 그려냄으로써 드러나는 것이 아니다. 하이데거에게 진리는 사실과 조응 관계를 이루지 않는다. 오히려 진리는 새로운 가능성의 영역을 열어 보이는 순간이다.

농부의 구두는 농부의 것이 아니었다

다시 반고흐의 그림으로 돌아가 보자. 이 그림을 통해 하이데거가 이야기하는 것은 무엇일까? 물론 하이데거의 주장은 일방적인 자의식의 투사에 불과할지도 모른다. 샤피로Meyer Schapiro, 1904~1996의 주장처럼, 하이데거가 반고흐의 구두를 "농촌 아낙네"의 것으로 '상상'한 것이 너무도 자의적일 수 있다. 샤피로는 반고흐의 편지와 메모들을 토대로 이 구두가 사실은 화가 자신의 것이라고 주장한다.[5] 이런 샤피로의 주장은 반고흐의 구두에 대한 하이데거의 해석과 친나치 전력을 연결해서 "대지와 농부의 이데올로기"와 파시즘 사상의 상동성을 비판하기 위한 정치적 기동이었다고 할 수 있다.

이런 샤피로의 주장을 또다시 비판한 철학자가 바로 데리다 Jacques Derrida, 1930~2004이다. 데리다는 반고흐의 그림에 대한 하이데거의 선부른 해석과 하이데거의 주장에 대한 샤피로의 예단을 동시에 비판하면서, 구두가 한 켤레라는 것이나 농촌 아낙의 구두라는 것, 그 무엇도 결정된 것이 없다는 새로운 주장을 펼친다. 결국 데리다의 주장을 요약하면, 샤피로는 예술에 대한 하이데거의 생각을 완전히 오해했다는 것이다. 하이데거는 처음부터 구두의 주인에 대해 전혀 관심이 없었고, 또한 그 주인이 누구라도 상관없었다는 것이다.[6]

객관적으로 평가한다면, 샤피로보다 데리다의 주장이 훨씬 하이데거의 진의에 가깝다고 할 수 있다. 하이데거가 반고흐의 그림을 통해 하고 싶었던 이야기는 당시 지배적이던 예술 작품에 대한 미학적 관점이 인간을 중심으로 구성된 근대성의 형이상학에 지나지 않는다는 것이었다. 따라서 비평가들이 객관적 재현만을 가장 훌륭한 예술 작품으로 취급하는 리얼리즘에 경도되어서 예술 작품의 진리를 소멸시킨다는 것이 하이데거가 제기하고 싶었던 주장이다. 나 자신이 현재 느끼는 것을 중심으로 세상을 파악하는 이런 방식을 비판하려고 하이데거는 반고흐의 그림을 자신의 방식대로 해석했다고 할 수 있다.

하이데거가 경고하는 것은 간단하다. 현대에 이르러 예술은 경험을 분할하는 장치로 전락할 위험에 처했다. 예술을 하나의 기예로 보는 경향에서 이런 사실을 확인할 수 있다. 얼마나 미학적으로 깔끔하게 사물을 만들어내는지에 따라서 예술 작품의 가치가 판가름 나는 미학적 태도에 대해 하이데거는 비판적 입장을 견지하는 것이다. 하이데거가 보기에, 반고흐의 그림은 단순한 기예의 산물이 아니다. 거기에 아름다움이 덧입혀져 있다고 해도 반고흐의 그림이 구현하는 것은 그 아름다움보다 더 근원적인 진리의 드러남이다. 예술 작품이야말로 진리가 머무는 처소이다. 반고흐의 〈구두 한 켤레〉는 반고흐의 것이 아니라, 이 진리의 처소에서 존재자의 진리가 그 자체로서 도착해서 발현한 결과물이다.

4장

베냐민의 시간과
클레의 〈앙겔루스 노부스〉

새로운 천사는 자유롭지 않다.

'천국에서 불어오는 폭풍'이라는 필연성에

꼼짝없이 사로잡힌 채 자신의 의지와 상관없이

미래로 뒷걸음칠 수밖에 없는 것이다.

이 폭풍을 일컬어 베냐민은 '진보'라고 한다.

파울 클레, 〈앙겔루스 노부스〉, 1920년

8

베냐민Walter Benjamin, 1892~1940에게 클레Paul Klee, 1879~1940의 작품 〈앙겔루스 노부스angelus novus〉는 그의 철학을 관통하는 핵심을 보여주는 '그림Bild'이었을 것이다.[1] 마치 연극에서 일어나는 순간적으로 정지된 장면 묘사ein lebendes Bild처럼, 클레의 그림은 세계에 관한 베냐민의 입장을 선명하게 드러낸다. 이 그림은 베냐민의 개인 소장품이기도 했다. 잘 알려진 것처럼 그림은 물론이고 그림 형제의 민담집 초판을 갖고 있을 정도로 베냐민은 전문적인 수집가였다. 서재에 대한 사랑도 각별했다. 심지어 망명길에 오른 그가 자살한 이유 중 하나로 서재를 잃어버린 상실감을 꼽기도 한다.

물론 〈앙겔루스 노부스〉라는 그림을 베냐민이 아무 생각 없이 소장했다고 보기는 어렵다. 1921년 하이델베르크의 출판업자인 리하르트 바이스바흐가 잡지 발간을 의뢰했을 때, 베냐민은 주저 없이 이 그림을 표제로 제안했다. 그만큼 그에게 클레의 그림과 화제畫題는 중요한 의미를 지녔다. 출간을 알리는 글에서 베냐민은 "독자에게 아첨 따위는 하지 않겠다."라는 의지를 강력하게 천명한다.[2] 독립적인 잡지의 편집 방향을 강조하면서 베냐민은 특정한 정치문화 집단의 입장을 대변하는 확성기 노릇은 하지 않을 것이라고 주장한다. 그렇다면 베냐민이 밝힌 새로운 잡지의 강령은 무엇이었을까? 바로 "정신적 예술"이었다. 베냐민은 '앙겔루스 노부스'라는 표제를 잡지에 붙인 까닭을 다음과 같이 설명한다.

> 탈무드가 전하는 이야기에 따르면, 천사는 순간마다 무리를 지어 신 앞에서 찬가를 부른 뒤에 무(Nichts)로 사라지기 위해 태어난다. 이 잡지의 제목은 이런 순간의 의미를 표방한다는 사실을 알리기 위해 붙여졌다.[3]

'앙겔루스 노부스', 말하자면 '새로운 천사'는 순간적으로 나타났다가 사라지는 번개 같은 존재이다. 이 순간의 의미를 보여주는 것이 새로운 잡지의 목적이어야 한다고 베냐민은 생각한 것이다. 이런 베냐민의 생각은 현대 생활에 대한 '순간 포착'을 목표로 삼았던 인상파를 비롯한 아방가르드 미학의 원리를 보여주는 것이기도 하다. 물론 베냐민이 염두에 둔 "정신적 예술"은 자연에 대한 단순 모방을 지칭하지 않는다. 오히려 시간의 순간성을 표현하는 것이 핵심이었다.

이 시간성은 결코 자의적인 것이라고 보기 어렵다. 오히려 이 시간성은 특정한 시의성, 다시 말해서 시간의 의미에 들어맞는 것을 뜻한다. 이런 시의성에서 중요한 것은 이른바 '학문적인 것'에서 배제된 것들을 다시 복원하는 작업이다. 그가 거부하고자 하는 것은 비판에 대한 낭만주의 철학의 인식이다. 낭만주의 철학은 예술에 대한 평가를 가능하게 하는 것이 역사적 서술과 비교라고 했는데, 이에 대해서 베냐민은 다른 견해를 제시하고자 했다. 그에게 비판은 침잠함으로써 획득할 수 있는 인식이었다.

안타깝게도 이런 베냐민의 결기는 햇빛을 볼 수 없었다. 경제적 어려움으로 잡지 발간이 불가능해졌기 때문이다. 그러나 베냐민이 초기에 작성한 글에서 후일 구체화되어 나타날 기획들을 발견하는 것은 어렵지 않다. 특히 괴테의 말년 소설에 대한 비평인《괴테의 친화력》에서 베냐민은 클레의 그림을 표제로 삼아 만들고자 했던 실패한 잡지의 기획과 유사한 진술을 되풀이한다. 이 글에서 베냐민은 "학문적 비평 행위"에 대해 비판적인 태도를 취하면서 문학작품에 대한 글들이 비판보다 문헌학에 더 관심을 기울여서 비평의 궤도를 벗어났다고 쓴소리를 내뱉는다. 물론 베냐민이 말하는 '비판'은 범용한 실증주의에 대한 대안이라고 할 수 있는데, 실증주의는 문학작품에 대한 비판적 관심을 사장하고 문헌학적인 정보만을 시시콜콜하게 따지게 만든다는 것이다.

새로운 천사의 의미

이런 사실에서 확인할 수 있듯이, 베냐민에게 클레의 그림은 주변적인 의미를 지니는 수준을 넘어선다고 하겠다. 베냐민의 글에서 특기할 만한 것은 언제나 그의 글은 그 자신의 삶을 암호처럼 간직하고 있다는 사실이다. 클레의 그림 〈앙겔루스 노부스〉도 마찬가지다. 이 그림은 전기적인 연관들로 촘촘하게 엮인 그의 글에서 핵심어를 구성하는 상징이라고 할 수 있다. 초기부터 말기까지, 그의 사유를 관통하는 하나의 사유-이미지를 이 그림에서 읽어낼 수 있는 것이다.

패기만만하게 자신의 경력을 시작하던 청년 베냐민을 감동시킨 이 상징적 그림은 중년 베냐민이 나치의 압박을 피해 망명길에 오르던 시기에도 여전히 중요한 사유의 근거를 제공했다. 잡지 표제로 사용하려 했으나 불발에 그친 클레의 〈앙겔루스 노부스〉는 후일 〈역사의 개념에 대하여〉라는 글에서 다시 나타난다. 〈역사의 개념에 대하여〉는 베냐민의 사상을 집대성하는 동시에, 변증법적 유물론으로 대표되던 공식적 마르크스주의의 역사관을 갱신하는 중요한 개념들을 제시한다는 점에서 집중적으로 조명을 받아왔다. 이 글은 프랑스의 집단 수용소에 갇혀 있는 동안 작성한 메모를 다듬은 것이지만, 생전에 출판하지 못한 유고이다. 이 글에서 클레의 그림을 언급하는 대목은 다음과 같다.

> 파울 클레가 그린 〈새로운 천사〉라는 그림이 있다. 이 그림의 천사는 마치 자기가 응시하고 있는 어떤 것으로부터 금방이라도 멀어지려고 하는 것처럼 묘사되어 있다. 그 천사는 눈을 크게 뜨고 있고, 입은 벌어져 있으며, 또 날개는 펼쳐져 있다. 역사의 천사도 바로 이렇게 보일 것임이 틀림없다. 우리 앞에서 일련의 사건들이 전개되고 있는 바로 그곳에서 그는, 잔해 위에 또 잔해를 쉼 없이 쌓이게 하고 또 이 잔해를 우리 발 앞에 내팽개치는 단 하나의 파국만을 본다. 천사는 머물고 싶어 하고 죽은 자들을 불러일으키고도 산산이 부서진 것을 모아서 다시 결합하고 싶어 한다. 그러나 천국에서 폭풍이 불어오고 있고 이

> 폭풍은 그의 날개를 꼼짝달싹 못하게 할 정도로 세차게 불어오기 때문에 천사는 날개를 접을 수도 없다. 이 폭풍은 그가 등을 돌리고 있는 미래 쪽을 향하여 간단없이 그를 떠밀고 있으며, 반면 그의 앞에 쌓이는 잔해의 더미는 하늘까지 치솟고 있다. 우리가 진보라고 일컫는 것은 바로 이러한 폭풍을 두고 하는 말이다.[4]

이 알쏭달쏭한 글을 어떻게 이해해야 할까? 온갖 비유로 빼곡한 이 글을 완전히 이해한다는 것은 불가능한 것처럼 보인다. 이런 본질적 난해함 때문에 이 글은 베냐민 연구자들의 머리를 아프게 만들었다. 분분한 해석은 물론, 베냐민이 말하고자 하는 의미에 대해 논란이 쉴 새 없이 일어난 것이 어떻게 보면 당연한 일이다. 클레의 그림을 들여다본다고 해서 이 글의 의미를 이해할 수 있는 것도 아니다. 이 글은 클레의 그림에 대한 분석도, 해설도 아니다. 클레의 그림에 빗대어서 베냐민 자신의 역사관을 피력하는 글이라고 보는 것이 타당하다.

베냐민이 말하고자 하는 것은 역사적 유물론과 신학이다. 이 둘은 보통 대립적인 것으로 받아들여졌다. 역사적 유물론은 신학을 부정하고, 신학은 역사적 유물론을 거부한다는 것은, 말하자면 일종의 상식이다. 그런데 베냐민은 이 둘을 하나에 놓으면서 논의를 전개한다. 클레의 그림은 이를 설명하려고 '인용'한 것이다. 따라서 〈역사의 개념에 대하여〉는 작은 메모들이 마치 모자이크처럼 무늬를 만들어내는 모양새로 파악할 수 있다. 이 그림에 대한 베냐민의 진술을 이해하려면, 이 글의 도입부를 장식하는 유명한 '체스 두는 자동기계'에 대한 베냐민의 설명을 먼저 살펴봐야 한다.

터키 복장을 한 이 인형은 체스를 둘 때 "어떤 수를 두든 반대 수로 응수하여 언제나 그 판을 이기게끔 고안"되었다. 구경꾼들은 경탄했지만, 사실은 거울장치 뒤에 숨어 있는 곱사등이 난쟁이가 끈을 움직여서 인형을 조종한 것이다. 당연히 난쟁이는 장기의 명수였고, 유명 인사를 연달아 패배하게 만들어서 체스 두는 자동기계의 명성을 유럽 전역에 알렸다. 베냐민은 이렇게 항상 이기게 만들어진 기계장치를 철학에서 찾는다면 역사적 유물론이라고 말한다. 언제나 게임을 이기도록 고안되어 있다는 점에서 그렇게 볼 수 있다는 것이다.

그런데 이 기계장치를 움직이는 것은 사실 곱사등이 난쟁이다. 이 난쟁이를 베냐민은 신학이라고 부른다. 곱사등이 난쟁이라는 비유를 통해 오늘날 신학이 "왜소하고 흉측"해진 모습을 하고 있다는 사실을 강조하려는 것이다.[5] 스탈린주의와 파시즘이 발흥하던 역사적 반동의 시기에 노동계급의 승리를 약

속하는 역사적 유물론은 초라하고 궁색한 논리에 빠질 수밖에 없다. 베냐민이 역사적 유물론이라는 기계장치를 움직이는 숨은 조종자로 곱사등이 난쟁이를 거론하는 것은 이 때문이다. 현실적으로 역사적 유물론은 더는 쓸모없는 것처럼 보일 수밖에 없는 처지로 전락했다. 그러나 "어차피 모습을 드러내어서는 안 되는 신학"이라는 난쟁이를 고용한다면 누구와 겨루어도 이길 수 있을 것이다. 이것이 베냐민의 논리였다.

이런 생각을 감안하면서, 클레의 그림에 대한 베냐민의 진술로 돌아가 보자. 이 테제 역시 첫 번째 테제와 유사한 구조를 지니고 있다. 처음에 대상에 대한 묘사가 등장한다. 그리고 이 대상에 대응하는 비유를 역사에서 찾는다. 〈앙겔루스 노부스〉(〈새로운 천사〉)에 대한 설명은 직접적으로 "역사의 천사"라는 비유로 연결된다. "자기가 응시하고 있는 어떤 것"으로부터 멀어진 이 천사는 자신이 떠나온 곳을 놀란 표정으로 쳐다보고 있는데, 이를 두고 베냐민은 역사라는 천사도 이와 유사할 것이라고 말한다.

역사의 천사라는 것은 역사의 상황을 뜻한다. 일련의 사건들이 벌어지는 역사적 현실 말이다. "잔해 위에 또 잔해를 쉼 없이 쌓이게 하고 또 이 잔해를 우리 발 앞에 내팽개치는 단 하나의 파국"만을 보여주는 것이 이런 역사이다. 역사야말로 허무주의 자체인 것이다. 덧없이 펼쳐지는 허무주의의 풍경에서 새로운 천사는 멈추고자 하고 죽은 자들을 기억하고 또 산산이 부서진 것들을 다시 결합하고자 한다. 아이러니하게도 새로운 천사는 결코 새로운 것으로 눈을 돌리지 않는다.

새로운 천사는 자유롭지 않다. '천국에서 불어오는 폭풍'이라는 필연성에 꼼짝없이 사로잡힌 채 자신의 의지와 상관없이 미래로 뒷걸음칠 수밖에 없는 것이다. 이 폭풍을 일컬어 베냐민은 '진보'라고 한다. 진보의 필연성, 이것은 바로 언제나 체스에서 이기는 기계장치이기도 하다. 첫 번째 테제에서 베냐민은 이 기계장치를 위해 필수적으로 필요한 것이 신학이라는 곱사등이 난쟁이라고 지적했다. 클레의 그림에 대한 베냐민의 진술을 통해 확인할 수 있다면, 이 신학은 단순하게 진보에 대한 '믿음' 따위가 아니라는 사실을 알 수 있다. 진보는 믿고 말고 할 것이 없다. 이것은 그냥 미래로 나아가는 것이다.

이런 의미에서 새로운 천사는 역사 자체이다. 그렇다면 클레의 그림을 통해 베냐민이 말하고자 하는 것은 반동의 잔해더미가 쌓여가더라도 역사는 미래로 나아갈 수밖에 없다는 이야기일까? 그러나 베냐민은 이 과정을 구태의연하게 '진보'라고 규정하는 태도를 거부한다. 그렇게 단순하게 설명할 수 없는 역사의 법칙이 여기에 감추어져 있다. 여기에서 '곱사등이 난쟁이'에 해당하는 것은 천국에서 불어오는 폭풍이다. 이 폭풍은 역사라는 새로운 천사, 탈무드가 언급하는, 언제나 새로운 순간만을 사는 시간성이라는 의미에서 멈출 수도 되돌아갈 수도 없는 새로운 천사를 미래로 밀고 가는 힘이다.

파시즘에 대항하여

베냐민이 이렇게 역사에 대한 테제를 쓴 까닭은 파시즘과 허무주의에 대항하기 위해서였다. 어떻게 역사의 반동에서 새로운 전망을 추출할 수 있을지, 그는 수용소에 있으면서 절박한 심정으로 이 테제의 메모들을 작성했을 것이다. 클레의 그림이 등장하는 부분 바로 다음에 이어지는 열 번째 테제에서 베냐민은 파시즘의 원천이라고 할 허무주의를 극복할 수 있는 '사유'를 제시하고자 한다. "수도원이 수사들에게 명상을 위해 지시하는 대상들은 세상과 세상사들로부터 그들을 떨어지게 하는 데 목적이 있다."라는 진술은 역사의 진보라는 현상에 집착하는 습관적인 인식에 대한 비판을 내재하고 있다. 세상과 세상사들로부터 분리된 사유, 이것은 무엇을 의미하는 것일까?

이러한 사유의 과정이 의도하는 바는, 파시즘의 반대자들이 기대를 걸었던 정치가들이 파시즘 앞에 무릎을 꿇고 자신의 대의를 스스로 저버리고 있는 이 마당에, 정치적 관심을 가진 평범한 사람들을 그 정치가들이 씌워놓은 그물망에서 풀려나도록 하는 데 있다. 이러한 관찰은 이 정치가들의 진보에 대한 완고한 믿음, 그들의 '대중 기반'에 대한 믿음 그리고 통제 불가능한 기구에 노예처럼 종속되어 있는 모습이 동일한 사안의 세 양상이었다는 데서 출발한다.[6]

흥미롭게도 여기에서 베냐민은 역사 발전에 대한 정치가들의 믿음 그리고 그들을 떠받치고 있는 포퓰리즘, 더불어 통제 불가능한 기구에 종속된 노예의 모습을 만들어내는 동일한 양상을 면밀하게 주시함으로써 "정치적 관심을 가진 평범한 사람들"을 습관적 인식의 그물망에서 풀려나게 해야 함을 역설한다. 그렇다면 세 양상을 만들어내는 동일한 사안은 무엇을 지칭하는 것일까? 역시 다음에 이어지는 테제에서 베냐민은 그 사안을 "타협주의"라고 지적한다. 이 타협주의를 만들어내는 원인이 바로 '진보적인' 노동 개념이다. 사회민주주의를 타락시킨 것은 정치적 전술뿐만 아니라, "경제적 관념들"에 들어있던 타협주의였다.

자신들이 시대의 물결을 타고 간다는 견해만큼 독일 노동자계급을 타락시킨 것은 없다. 기술의 발전이 그 계급에게는 그 계급이 타고 간다고 생각하는 흐름의 낙차로 여겨졌다. 여기서부터, 기술의 진보 과정 속에 있는 공장 노동이 정치적 업적을 나타낸다고 생각하는 환상에 이르는 것은 단 한 걸음이면 족하다. 해묵은 프로테스탄트적 노동 윤리가 세속화된 형태로 독일 노동자들에게서 부활을 맞았던 것이다. 고타 강령에 이미 이러한 혼란의 흔적이 담겨 있다. 그 강령은 노동을 "모든 부와 모든 문화의 원천"이라고 정의한다. 여기서 불길한 징조를 보던 마르크스는 그에 응수하여 자신의 노동력 이외에 아무것도 갖고 있지 않은 사람은 "소유주가 …… 된 다른 사람들의 노예가 될 수밖에 없다."라고 했다.[7]

베냐민에게 노동은 "새 시대의 구세주"가 아니었다. 노동에 대한 이런 견해를 양산하는 태도를 그는 속류 마르크스주의라고 비판한다. 베냐민은 "노동자들이 노동의 산물을 이용할 수 없는 한" 그 산물이 그들 스스로에게 어떤 효과가 있을지 물어야 한다고 생각했다.[8] 이런 노동의 개념은 "자연 지배의 진보만을 보고 사회의 퇴보는 보려고 하지 않는" 것이다. 베냐민은 진보적 노동관이야말로 파시즘의 기술주의에서 발견할 수 있는 동일한 특징이라고 본다. 노동을 이런 식으로 이해하는 한 진보는 곧 자연의 착취에 불과하다. 진보의 결과에 철없이 만족하면서 사람들은 프롤레타리아 계급의 착취에 그 자연의 착취를 대비시켰다. 말하자면, 계급 착취와 자연 착취를 서로 무관한 것으로 파악함으로써 실증주의가 만들어놓은 타협주의의 덫에 걸려들고 말았다는 것이다. 타락한 노동 개념은 자연을 "공짜"라고 받아들이게 만드는데, 결국 이런 관점이 파시즘과 허무주의를 초래했다고 보았다.

이를 통해서 억압되는 것은 "억압받는 계급"이라는 의식이다. 그런데 이렇게 피억압자로서 자신을 자각해야 할 노동자들을 "미래 세대들의 구원자 역할"에 묶어놓음으로써, 사회민주주의는 노동계급의 힘줄을 잘라버린다는 것이다. 베냐민에 따르면, 그 힘줄은 바로 증오와 희생정신이다. 노동계급의 투쟁을 약화시키고 "최후의 억압받고 복수하는 계급"으로 자신의 지위를 상실하게 만드는 것이 사회민주주의 타협주의이다. 이 타협주의로 인해서 노동계급은 "해방된 자손의 이상"보다도 "억압받는 선조의 이미지에서" 자양분을 취하게 되었다.

이 노동계급이야말로 '새로운 천사'인 셈이지만, 지금은 진보라는 타락한 노동 개념에 사로잡혀서 파시즘의 도래를 묵과하거나 지지하는 것이다. 역사의 진보에 대한 습관적 믿음을 비판하는 베냐민의 입장은 테제 곳곳에서 발견할 수가 있다.

> 사회민주주의자들의 머릿속에 그려진 진보는 우선(인류의 기술과 지식의 진보만이 아니라) 인류의 진보 자체였다. 둘째로 그것은 (무한한 완성 가능성에 상응하는) 종료시킬 수 없는 진보였다. 셋째로 그것은 (자동적으로 직선이나 나선형의 궤도로 진행되는) 본질적으로 저지할 수 없는 진보였다. 이 세 가지 속성 모두 논란의 여지가 있으며 각각의 속성에 비판을 가할 수 있다. 하지만 그 비판이 가차 없는 비판이 되려면 이 속성들 모두의 배경을 파헤쳐보고, 그 속성들의 공통점이 무엇인지를 밝히지 않으면 안 된다. 역사에서 인류의 진보라는 생각은 역사가 균질하고 공허한 시간을 관통하여 진행해나간다는 생각과 분리될 수 없다. 이러한 진행에 대한 비판이 진보에 관한 생각 일반에 대한 비판의 토대를 형성해야 한다.[9]

베냐민이 염두에 두는 발본적인 비판의 대상은 역사를 균질하고 공허한 시간을 관통해서 나아가는 '진행의 과정'으로 보는 진보적 사관의 시간 개념 자체라는 사실을 위의 인용에서 알 수가 있다. 클레의 그림에서 베냐민이 발견한 것은 바로 이런 시간관을 뒤집을 수 있는 근거였다.

베냐민에게 역사는 구성의 주체로서, 이 장소는 결코 균질적이거나 공허한 시간이 아니다. 오히려 역사는 "지금-시간Jetztzeit"으로 충만한 시간이다. 이 지금-시간이라는 것은 무엇일까? 앞서 살펴본 〈앙겔루스 노부스〉야말로 지금-시간의 이미지라고 할 수 있다. 매 순간 신 앞에서 찬가를 부르려고 태어나서, 그 순간이 지나면 무로 돌아가는 '언제나 이미' 새로운 천사가 바로 지금-시간인 것이다. 이런 까닭에 베냐민에게 과거는 그냥 과거로 남아 있는 것이 아니었다. 이 과거는 "그것을 구원으로 지시하는 어떤 은밀한 지침"을 지니고 있다.[10] 이 과거를 통해 "우리 이전에 존재했던 모든 세대와 희미한 메시아적 힘eine schwache messianische Kraft이 함께 주어져 있는 것"이고, "과거는 이 힘을 요구하는 것"이다.[11]

약한 메시아적 힘

희미한 또는 '약한' 메시아적 힘이라는 것에 대해 데리다는 "메시아주의 없는 메시아적인 것"이라는 부연 설명을 달고 있는데, '메시아주의 없는 메시아적인 것'은 "약화된 메시아주의, 감소된 힘을 지닌 메시아적인 기대"라기보다 "실존의 구조"에 해당하는 것이다.[12] 말하자면, 희미한 메시아적 힘이라는 베냐민의 개념은 메시아의 도래를 고대하는 희망을 지칭한다기보다 메시아적인 것을 향해 언제나 열려 있는 실존의 조건 자체를 가리키는 것이다. 그렇다면 이 메시아적인 것은 무엇일까? 요즘 유행하는 말로 바꾸면 바로 '사건'이라고 할 수 있다. 사건을 향해 열려 있는 현재라는 발상이 곧 베냐민에게 메시아적인 것의 가능성을 만들어낸다. 이 메시아적인 것은 곧 과거에 대한 인용이기도 하다. "구원된 인류"에게 비로소 과거는 매 순간을 인용할 수 있게 허락된다. "살았던 순간들 하나하나"가 의사일정의 인용이 된다.[13] 이 말은 과거야말로 현재에 새겨진 비현재성이라는 사실을 의미한다. 당연한 말이지만, 이 과거에 대한 인용이라는 비현재성은 시간을 초월해 있는, 또는 시간성과 완전히 분리된 '사유'의 속살이다.

이렇듯 클레가 그려낸 새로운 천사의 이미지와 베냐민의 사유는 깊은 친연성을 보여준다. 그림에 배경은 존재하지 않고 몸통보다 큰 머리를 한 천사의 날개는 왜소하기 그지없다. 이 몰골의 천사는 터키 복장의 자동기계를 움직이는 곱사등이 난쟁이의 모습과 닮았다. 베냐민이 '신학'이라고 지칭한 이 난쟁이야말로 유사-초월론이라는 기묘한 경계의 삶에 대한 은유일 것이다. 이 존재의 의미야말로 베냐민의 생애 자체를 규정하는 것이기도 하다. 말하자면, 베냐민이야말로 클레의 그림에 등장하는 새로운 천사이고자 한 철학자였다고 할 수 있다.

5장

그람시의 상상력과 티만테스의 〈이피게네이아의 희생〉

결과적으로 그림은 베일과 같은

예술적 장치 자체인 것이다.

재현 불가능한 것을 재현하기 위한 장치로서 그림은

현실보다 부족한 보충물이 아니라,

오히려 더 풍부한 실재의 효과라고 할 수 있다.

〈이피게네이아의 희생〉, 폼페이 벽화

8

베냐민과 더불어 '지금-여기'를 그려내면서 미래를 상상하는 문제는 그람시Antonio Gramsci, 1891~1937의 철학에서도 어렵지 않게 발견할 수 있다. 그람시의 눈을 사로잡은 그림을 찾아본다면, 티만테스Timánthes가 그린 〈이피게네이아의 희생〉이 있다. 그람시는 경제결정론에 매몰되어 있던 전통적 마르크스주의를 혁신하고 새로운 마르크주의의 지평을 제시한 이탈리아의 사상가이다. 정치범으로 구속된 뒤에 작성한 3,000쪽이 넘는 '옥중수고'가 사후에 출판됨으로써 비로소 그의 진가를 인정받았다. 혁명가이자 사상가로서 그의 생애는 제대로 꽃피지도 못하고 감옥에서 마감되었지만, 그가 남긴 글들은 수많은 영감을 제시하면서 세계 사상계의 지형도를 바꿔놓았다. 따라서 그람시라는 이름은 이렇게 마르크주의라는 다소 심각한 주제를 연상시킬 수밖에 없다.

마르크스주의의 문제의식을 문화영역으로 확대해서 어떻게 지배계급이 문화를 체제 유지의 수단으로 사용하는지 밝혔다는 점에서 아예 그람시의 철학이 그림과 무관하다고 말할 수는 없을 것이다. 게다가 그람시는 토리노대학 재학 시절에 잠깐이긴 했지만 중세 미술을 공부하기도 했다. 당시 그는 추운 하숙방에서 병든 몸으로 허기와 씨름하면서 책을 읽어야만 했다. 집에서 보내오는 생활비로 읽고 싶은 책을 사는 바람에 식사를 제대로 할 수 없어 영양실조에 걸릴 정도였다.

이토록 배움에 열중한 그람시의 삶은 호락호락하지 않았다. 그림에 대한 그람시의 생각은 한 치 앞도 내다볼 수 없었던 개인사를 배경으로 했다. 정작 그는 감옥의 바깥에 있을 당시에 그림 이야기를 할 수 없었다. 감옥에 갇혀 자유를 잃자 그의 상상력은 그림으로 뻗어갔다. 그람시가 《옥중수고Quaderni del carcere》에서 이야기하는 그림은 〈이피게네이아의 희생〉이다. 원작은 기원전 4세기 그리스 화가인 티만테스의 것이지만, 그람시가 말하는 작품은 폼페이의 벽에 그려져 있던 그림이다.

이 그림은 그리스신화에 등장하는 아가멤논 왕과 그의 딸 이피게네이아에 관한 이야기를 소재로 삼고 있다. 스파르타의 메넬라오스는 아내인 헬레네를 트로이의 파리스에게 빼앗기자 형인 아가멤논과 함께 동맹군을 결성해서 트로이와 전쟁을 시작하려고 했다. 참전에 미온적인 동맹국들을 설득하긴 했지만, 정작 아가멤논이 사냥의 여신인 아르테미스의 노여움을 사서 출병하지 못하게 된다. 온갖 역병과 불행 그리고 무풍 현상이 지속된 것이다. 아가멤논이 왜 아르테미스의 노여움을 샀는지 이설들이 많은데, 트로이 전쟁에서 죽어갈 그리스 청년들을 염려해서 그랬다는 판본도 있고, 아가멤논이 아르테미스의 동물들을 사냥하면서 여신 못지않게 자신의 사냥 실력이 좋다는 것을 뽐내어 그랬다는 판본도 있다. 여하튼 판본은 달라도 결론은 이피게네이아를 제물로 삼아서 마침내 그리스 군대가 트로이로 출병할 수 있었다는 내용이다. 이피게네이아의 희생이 이야기의 핵심인 것이다.

그람시가 언급한 그림에서 아가멤논은 두건을 쓴 채 눈을 가리고 있다. 그의 얼굴은 보이지 않는다. 이 보이지 않는 아가멤논의 얼굴이 그람시의 눈길을 끌었다고 할 수 있다. 그람시는 다음과 같이 말한다.

> 이피게네이아의 희생 장면을 그린 시키온의 티만테스는 아가멤논의 모습을 베일에 감추어진 것으로 그렸다고 플린티는 기록한다. 레싱은 〈라오콘〉에서 최초로(?) 이런 예술적 장치를 일컬어 아비의 비탄을 재현하지 못하는 예술가의 무능력 탓이 아

니라 가장 극심한 고통을 드러내는 표정보다도 손으로 얼굴을 가리고 베일을 뒤집어쓴 형상이 훨씬 더 절절한 분노를 고통스럽게 표현할 수 있다는 예술가의 깊은 믿음 때문이라는 사실을 밝힌 사람이었다.[1]

그람시는 흥미롭게도 레싱의 예를 들면서 베일의 효과를 언급한다. 그람시가 레싱을 거론한 이유는 1912년에 토리노대학에서 들었던 토에스카 교수의 수업을 상기했기 때문일 것이다. 그람시의 기억에 따르면, 토에스카 교수는 당시에 메데이아의 눈을 가린 베일에 대한 레싱의 해석을 소개하면서 "이 베일은 무능의 예술을 보여주는 것이 아니라 고통의 표정으로 일그러진 부성의 비탄을 결정으로 만들어낸 것"이라고 평했다.[2] 이런 해석에 힘입어 그람시는 예술에서 '표현되지 않는 것'에 대한 생각을 발전시킨다. 그람시에게 이 베일은 "예술적 장치"의 의미를 보여주는 것이라고 할 수 있다. 이렇게 아가멤논의 얼굴을 가린 것은 비탄을 표현할 수 없었기 때문이 아니라 극적으로 그 느낌을 증폭하려는 의도였다고 보는 것이다.

비슷한 맥락에서 그람시는 베일로 얼굴을 가린 메데이아가 자녀들을 죽이는 장면을 담은 다른 폼페이의 그림을 거론하면서 다시 한번 베일의 효과에 대해 강조한다. 물론 이런 그람시

〈메데이아〉, 폼페이 벽화

의 진술은 사실관계가 맞지 않는다. 폼페이 벽화에 베일로 얼굴을 가리고 아이를 죽이는 메데이아는 없다. 아이를 죽이기 직전의 모습을 담은 벽화가 있을 뿐이다.

실제 그림에서 칼을 잡은 메데이아의 모습은 아가멤논의 분위기와 사뭇 다르다. 그리스신화에서 메데이아는 이아손의 아내로 남편에게 버림받자 자녀들을 죽이는 어머니로 묘사되어 있다. 메데이아의 고통 역시 비할 데 없을 정도로 극심한 것이었을 테고, 그람시는 이런 재현 불가능한 감정을 표현하기에 베일이라는 예술적 장치가 적절하다고 말하는 것이다. 이런 그람시의 생각은 그림 일반에 관한 생각을 재고해볼 기회를 제공한다. 말하자면, 결과적으로 그림은 베일과 같은 예술적 장치 자체인 것이다. 재현 불가능한 것을 재현하기 위한 장치로서 그림은 현실보다 부족한 보충물이 아니라, 오히려 더 풍부한 실재의 효과라고 할 수 있다.

베일이라는 장치

이데올로기에 대한 그람시의 태도에서 이 문제의 의미를 짚어볼 수 있다. 전통적으로 마르크스주의에서 이데올로기에 대한 문제의식은 크게 둘로 나뉜다. 이데올로기를 허위의식으로 보는 견해와 세계에 대한 시각적 상상으로 보는 견해이다. 그람시는 두 견해 중 어느 하나에 속한다기보다, 둘 사이에 위치한다고 볼 수 있다.[3] 그람시는 실재를 가리기 위한 수단으로 구조화되어 있는 지배 이데올로기의 존재를 인정하면서도 그 이데올로기는 그렇기 때문에 현실의 진리와 끊임없이 갈등 관계에 놓일 수밖에 없다고 말한다. 이데올로기는 계급투쟁의 접점이자 전장인 것이다. 이런 맥락에서 이데올로기는 비록 허위의식이라고 할지라도 누가 계급투쟁에서 헤게모니를 잡을지의 여부에 따라 의미가 달라진다. 그람시에게 객관적 진리는 외부에 독자적으로 존재하는 것이 아니라 역사적 실천을 통해 만들어지는 것이다.

그림에 대한 그람시의 논평에서 이런 그의 관점을 확인할 수 있다. 베일은 하나의 장치로서 현실의 진리를 드러낸다. 이 진리는 가늠하기 어려운 아가멤논의 비탄이다. 이 인간적 감정을 그림에서 보여준다는 것은 불가능하다. 만일 이 심연을 어떤 이미지로 표현한다면, 그 순간 거짓으로 판명 날 수밖에 없다. 그람시에게 문제는 이처럼 어떤 이미지로 해당 대상을 재현하는 것이 아니라, 그 과정에서 일어나는 '정치'다. 이 과정은 작품 창작과 향유 모두를 포괄한다고 말할 수 있다. 이런 관점에서 보면, 미학은 정치의 다른 면이라고 할 수 있다. 미학과 정치를 같은 문제로 본다는 점에서 이런 그람시의 생각은 랑시에르의 논의와 많은 부분이 닮았다.

그람시와 비슷하게 미학적 문제를 '예술적 장치'로 본 철학자는 앞서 이야기한 베냐민이다. 그람시와 베냐민은 서로를 알지는 못했지만 같은 시대를 살다간 이들이다. 1891년 그람시가 태어난 이듬해인 1892년에 베냐민이 태어났고, 그람시가 감옥에서 숨을 거두고 3년 뒤에 베냐민은 피레네산맥 기슭에서 세상을 떠났다. 서로 다른 공간을 살다갔고 태어난 배경도 달랐지만, 둘의 생애는 어딘가 닮았다. 물론 생애가 닮았기 때문에 사상의 전개가 비슷하다고 말할 수는 없을 것이다. 이런 유사성은 바로 크로체Benedetto Croce, 1866~1952라는 이탈리아 철학자를 매개로 가능하다고 할 수 있다. 크로체는 그람시가 영향을 받은 이상주의적 사상가이다. 베냐민과 크로체는 사실 정치적으로 본다면 완전히 정반대에 위치하는 철학자들이다. 그러나 이 둘은 당시에 제기된 철학적 문제를 같은 방법으로 극복하려고 했다는 점에서 비슷한 지점을 갖는다. 이들은 18세기 이래로 유럽을 지배한 실증주의적 유물론을 넘어서는 것을 목표로 삼고, 당대의 유물론과 관념론을 하나로 아우르고자 분투했다. 이들의 노력을 한마디로 정리하면, 역사 결정론을 비판하고 미래는 언제든지 바뀔 수 있다는 사실을 철학적으로 논증하는 작업이었다.

이와 유사한 역사관을 그람시의 철학에서 발견하는 것은 어렵지 않다. 물론 그람시와 크로체 역시 사상적 간극이 크다. 그럼에도 그람시는 역사 결정론을 거부하는 크로체의 주장에 공감했다고 말할 수 있다. 그람시에게 크로체는 미래의 새로운 실천철학을 위해 필요한 철학자였다. 그는 크로체를 실천철학자로 보았고, 현실주의적 역사주의를 '관념적 언어'로 번역한 것이라고 해석했다. 이런 의미에서 최초의 실천철학자라고 할 마르크스와 엥겔스가 헤겔에 빚을 진 것처럼, 그람시도 크로체를 참조해서 교조적인 마르크스주의를 실천적인 차원에서 새롭게 구성해야 한다고 생각했다.[4]

그람시는 이렇게 이념적 경계를 넘어서서 다양한 당대 지식인들의 텍스트를 가로지르면서 문화를 가변적인 미래, 또는 다가올 미래를 좌지우지할 수 있는 헤게모니 투쟁의 장으로 '발견'했던 셈이다. 이런 관점에서 보면 티만테스의 그림에 대한 그람시의 논평은 상당히 흥미로운 해석의 길을 열어준다. 아가멤논의 베일은 딸의 희생에 아무것도 할 수 없는 아버지의 무능을 보여주는 것임과 동시에 현재를 넘어선 어떤 가능성의 표현으로 해석할 수 있는 것이다.

그람시의 관점에서 보면, 티만테스의 그림에서 베일은 대상과 분리할 수 없는 예술적 장치 자체이다. 아가멤논의 형상은 물질 내용으로서 비탄에 잠긴 아버지라는 내러티브의 의미를 전달한다. 이 물질 내용은 또한 결코 재현할 수 없는 진리 내용을 표면 아래에 감추어두고 있다. 티만테스의 그림은 이런 원리, 다시 말해서 물질 내용과 진리 내용의 긴장 관계를 통해 심미적 아름다움을 만들어내는 것이다. 티만테스 그림에 대한 그람시의 분석 역시 당시 만연했던 실증주의의 폐해를 극복한 새로운 철학에 대한 요청과 맞닿아 있다고 할 수 있다. 이 새로운 철학의 상상이야말로 비록 감옥에 갇혀 자유롭지 못하지만 끝내 포기하지 않았던 가능한 미래에 대한 그람시의 희망이었던 셈이다.

비가시성의 가시성

베일을 논하는 그람시의 비평은 단테의 《신곡》 중 〈지옥편〉을 해석하는 지점과 연결되어 있다. 〈지옥편 10곡〉은 지옥에서 고통 받는 이교도에 대한 묘사로 채워져 있다. 〈10곡〉에 등장하는 인물들은 에피쿠로스와 파리나타 그리고 카발칸티이다. 에피쿠로스는 그리스의 철학자로서 《신곡》에서 이단으로 등장한다. 파리나타는 단테의 정적이다. 단테는 자신을 박해한 파리나타를 자신의 작품에서 지옥으로 보내버림으로써 상징적 복수를 하는 셈이다. 토스카나 방언을 알아들은 파리나타가 무덤에서 나와 말을 걸면서 대화가 진행되는데, 잠깐 카발칸티가 등장해서 아들의 행방을 묻는 것으로 그려지고 있다. 카발칸티는 무덤에서 완전히 나오지 않고 반쯤 감추어져 있는 형상인데, 이 역시 그람시의 관점에서 보면 베일 효과를 보여주는 "예술적 장치"라고 할 수 있다. 이런 장치의 효과는 형식적인 측면에서 보이는 것과 보이지 않는 것의 변증법을 보여줄 뿐만 아니라 등장인물들을 서로 연결하는 역동적인 관계들을 설정하도록 만든다. 여기에서 중요한 인물은 카발칸티이다.

아들의 생사를 묻는 질문에 단테는 대답하지 않는다. 이 침묵을 오해한 카발칸티는 울부짖으면서 무덤으로 사라져버린다. 아들이 살아 있다는 것을 알면서도 단테가 그에게 그 사실을 알리지 않은 까닭은 지옥의 영혼들이 현재를 볼 수 있는지 없는지 알아보고 싶었기 때문이다. 단테는 카발칸티를 통해서 지옥의 영혼들이 오직 미래만을 볼 수 있을 뿐, 현재를 볼 수 없다는 사실을 확인한다. 그람시는 이런 '눈먼 상태'의 의미에 주목해서 단테의 《신곡》을 앞서 이야기한 티만테스의 그림 해석과 연결하는 것이다. 다시 말해서 아가멤논이나 메데이아의 '눈먼 상태'는 과거와 미래를 알 수는 있지만 현재를 알지 못하는 예언자의 처지를 나타낸다. '눈먼 상태'야말로 과거와 미래에 대한 예지의 순간인 것이다. 그람시는 종전을 예언한 한 시골 눈먼 소녀에 관한 신문 기사를 예로 들면서 "문학 전통과 민

담에서 통찰의 재능은 언제나 보는 능력의 상실과 관계가 있다."라고 썼다.[5]

이처럼 비가시성을 긍정하는 그람시 미학의 핵심은 무엇일까? 궁극적으로 현재의 문제를 이해하기 위해 필수적인 것이 과거와 미래에 대한 통찰이고, 이 통찰을 가능하게 해주는 것이 예술 작품의 기능이라는 믿음이다. 단테의 시와 티만테스의 그림은 현재에 드러나지 않지만 이미 과거에서 미래로 이어져 있는 진실의 문제를 되돌아보게 만드는 예술적 장치들이다. 이런 그람시의 미학은 정확하게 정치에 대한 태도로 이어진다. 그람시의 미학은 현재에 뚜렷하게 보이진 않지만 앞으로 다가올 미래의 정치를 예지하는 예술의 기능에 관한 주장이기도 하다. 이런 관점에서 그람시는 새로운 프롤레타리아의 세계관을 정립하는 것을 근본 문제로 생각했다. 어떻게 기존의 의식을 바꿀 것인지 그람시는 항상 고민했다. 티만테스의 그림에 등장하는 아가멤논의 베일은 기존의 의식 또는 지식 체계를 통해 재현할 수 없는 미래의 의식 또는 지식 체계를 의미한다고 볼 수 있다. 눈에 보이는 현재를 그리는 것이 아니라 과거에 근거해서 미래의 가능성을 보여주는 진실한 그림이야말로 희망이라고 그람시는 생각한 것이다.

6장

아도르노의 예술의 현실 참여와 피카소의 〈게르니카〉

아도르노가 말하고자 하는 것은

'참여하지 않음으로써 현실에 참여하는 예술'이다.

피카소의 작품에 등장하는 그 '현실'이야말로

처참한 전쟁의 참상 자체라는 것이다.

전쟁의 이미지를 보여주는 것이 아니라

전쟁과 같은 예술이 되는 것이

피카소의 작품이라는 뜻이다.

파블로 피카소, 〈게르니카〉, 1937년

8

헤겔에게 렘브란트가 있었다면, 아도르노Theodor Wiesengrund Adorno, 1903~1969에게는 피카소Pablo Picasso, 1881~1973가 있었다고 할 수 있다. 특히 피카소의 〈게르니카〉에 대한 아도르노의 논평은 유명하다. 〈게르니카〉는 피카소 하면 우리가 떠올리는 그림 중 하나이다. 1937년 4월 26일 에스파냐 내전 당시에 독일의 나치가 에스파냐의 게르니카 지방 일대를 비행기로 폭격한 사건이 있었다. 1936년 총선은 에스파냐 인민전선에게 승리를 안겨주었다. 그러나 파시즘 세력을 이끌던 프랑코는 정권을 장악하려고 쿠데타를 일으켰고, 나치는 이를 지원하려고 게르니카에 폭탄을 퍼부었다. 전쟁과 무관한 민간인을 무차별적으로 학살한 이 사건은 공분을 일으켰고, 피카소는 〈게르니카〉를 그림으로써 이에 항의했다. 원래 피카소는 그해에 에스파냐 정부의 의뢰를 받아서 만국박람회에 전시할 작품을 구상하고 있었는데, 그해 5월에 게르니카 폭격 소식을 접하고 이 그림을 그리게 되었다. 이런 역사적 맥락에서 〈게르니카〉는 대표적인 반파시즘의 사상을 표현한 작품으로 알려져 있다.

그러나 이런 그림의 의미는 설명을 듣고 난 뒤에 아는 것이지, 〈게르니카〉 자체가 어떤 정치적 메시지를 보여주는 것 같진 않다. 그래서 사르트르 같은 경우에는 이 그림을 두고 학살의 참상을 제대로 전달하지 못한다고 말했다. 한마디로 어렵다는 것이다. 누군가 해설을 해주지 않으면 이 그림이 도대체 무엇을 그린 것인지 모른다는 것이 비판의 요지였다. 물론 이런 비판도 의미는 있지만, 큐비즘을 창시한 피카소의 예술 세계는 대상을 묘사하려는 의도 자체를 배제하는 것이었다. 아도르노는 사르트르와 같은 주장에 대한 반론을 펼치면서 자신만의 〈게르니카〉 해석을 내놓는다.

아도르노에게 예술은 공공연하게 정치적인 메시지를 전달하는 것이 아니다. 예술 작품의 의미는 양가적이고, 이런 의미에서 자율적이면서 참여적이다. 물론 아도르노는 시장의 논리에 따라 제작된 예술, 다시 말해서 상업적인 예술 상품은 자율적이지도 않고 참여적이지도 않다고 말한다. 모양만 예술이지 사실상 자율성을 지니고 있지 않다는 뜻이다. 이 지점에서 아도르노의 입장은 명확하게 드러난다. 앞서 언급했듯이, 자율적인 예술이야말로 정치적 참여라고 아도르노는 생각했다. 아도르노에게 예술은 무조건 자율적이어야 참여적인 것이다. 말하자면, 예술은 세상에 참여함으로써 정치적인 의미를 지니는 게 아니라, 그 세상과 완전히 다른 것이 되어야지 정치적인 효과를 발휘할 수 있다는 것이다. 이런 생각은 그림을 자연의 창이나 거울로 본 견해를 수용하면서도 단순하게 창이나 거울로 그림을 한정하지 않는 아도르노의 태도를 보여준다.

예술의 자율성과 부정성

아도르노는 2차 세계대전 동안에 미국에 체류하면서 호르크하이머와 함께 《계몽의 변증법Dialektik der Aufklärung》을 집필한다. 이 책의 내용은 당시 자유를 지키려고 전체주의에 대항해서 싸운다는 미국을 비롯한 연합국의 정서에 전혀 맞지 않았다. 아도르노와 호르크하이머는 파시즘의 등장과 계몽주의적 이성이 사실상 짝패를 이루고 있다는 사실을 폭로하고자 했다. 당연히 독일의 히틀러를 악마로 만들기에 급급했던 이른바 연합군 진영의 선전선동도 이들의 관점으로 볼 때는 파시스트와 크게 다를 게 없었다.

아도르노에게 문제는 계몽주의의 결과물로 등장한 관리사회였다. 이 관리사회의 고도화 단계가 바로 '문화산업'이라는 것이 요지다. 파시즘이나 자유주의나 사실은 이성을 관리의 도구로 사용한다는 점에서 본질적으로 다르지 않다는 것이다. 〈게르니카〉에 대해서 아도르노는 사르트르와 반대의 의견을 내놓는다. 사르트르의 주장처럼 〈게르니카〉는 현실의 학살을 소거시키는 것이 아니라, 역설적으로 학살을 있는 그대로 모방해서 되돌려준다고 주장했다. 아도르노는 다음과 같이 자신의 생각을 뒷받침할 만한 사례를 소개한다.

> 피카소에 대한 하나의 이야기는 침묵하는 독일의 표면 아래에서 계속 피어났던 이런 사유 형태를 보여주는 좋은 사례이다. 점령군 독일 장교가 피카소의 스튜디오를 방문해서 〈게르니카〉 앞에 서서 물었다. "당신이 이 그림을 그렸소?" 피카소는 이렇게 대답했다. "아닙니다. 당신이 그렸습니다." 심지어 〈게르니카〉와 같은 자율적인 예술 작품들조차 경험적 현실의 부정을 확정한다.[1]

여기에서 아도르노가 말하고자 하는 것은 '참여하지 않음으로써 현실에 참여하는 예술'이다. 피카소의 작품에 등장하는 그 '현실'이야말로 처참한 전쟁의 참상 자체라는 것이다. 전쟁의 이미지를 보여주는 것이 아니라 전쟁과 같은 예술이 되는 것이 피카소의 작품이라는 뜻이다. 아도르노의 말은 예술과 현실을 구분하고, 전자가 후자를 모방한다는 구태의연한 인식을 뒤집는 논리라고 할 수 있다. 이런 생각은 앞서 이야기한 니체의 사상을 연상시킨다. 물론 아도르노는 니체와 달리 삶의 긍정보다 현실의 삶을 거부하는 부정성에 더 주목한다는 점에서 근본적으로 다르다. 아도르노는 삶의 광기마저 긍정하는 니체의 철학과 달리, 광기의 해방은 자신의 해방을 알지 못한다고 생각했다. 정작 자신이 자유롭다는 사실을 알 수 없다면, 과연 그 해방을 해방이라고 부를 수 있을까? 아도르노는 이런 의미에서 예술 작품을 합리성의 산물로 본다. 칸트가 말한 반성적 판단력을 아도르노는 다시 복원하는 셈이다.

일반적인 시기 구분에서 현대미술이 1960년대를 기준으로 그 이전과 그 이후로 구분된다고 한다면, 아도르노는 예술 작품에 대한 일반적인 논의를 통해 현대미술의 특징을 이해할 하나의 실마리를 제공한다. 아도르노의 《미학 이론Ästhetische Theorie》에서 확인할 수 있듯이, 철학과 그림은 구분되기보다는 오히려 그림이야말로 철학이라는 사실을 새삼 확인하게 된다. 현대미술이 잘 보여주듯이, 그림과 철학은 플라톤의 생각처럼 서로 대립적이거나 적대적인 것이 아니라, 오히려 서로 돕는 사이에 가깝다고 하겠다. 말 그대로 그림과 철학은 '사유 이미지'를 부여한다. 둘이 곧 우리의 생각을 만들어내는 토대가 되는 것이다.

피카소의 〈게르니카〉를 긍정적으로 평가한 아도르노는 말년의 걸작이라고 불리는 그의 《미학 이론》에서 철학의 개념에 내재한 추상성의 한계를 예술로써 해결하고자 한다. 예술은 철학적 추상성을 삶과 화해시키는 매개자로서 구원의 역할을 한다고 생각했다. 예술의 종언이라는 헤겔의 테제를 받아들이면서도 아도르노는 예술의 가능성을 부정하지 않았다. 물론 아도르노가 모든 예술이 그렇다고 본 것은 아니었다. 그가 문화산업을 통해 제작된 문화상품을 예술로 인정하지 않은 것은 유명하다. 헤겔의 테제를 받아들이긴 했지만, 그림에 대한 아도르노의 예술관이 헤겔을 그대로 따른 것은 아니다. 헤겔의 입장에서 보면 구원의 역할을 하는 예술은 이데아, 말하자면 철학이 말하는 절대 이념을 재현하는 작품이었지만, 아도르노는 반대로 보았다는 점이 결정적으로 다르다. 아도르노에게 예술의 진리는 감각적인 외양의 영역에 속한다는 점에서 철학적 진리보다 우월하다.

아도르노의 시대에 헤겔처럼 절대정신의 실현으로서 역사

를 파악하는 것은 우스꽝스러운 일이었다. 그럼에도 헤겔이 말하는 절대정신의 문제는 여전히 과제로 남아 있었다. 어떻게 목적론의 함정에 빠지지 않으면서 헤겔이 말하는 지속적인 진보의 이념을 살려낼 것인지, 이 물음이 아도르노의 예술론을 관통하는 주제였다. 아도르노의 예술론이 헤겔을 뒤집어놓은 것이라고 보면 크게 틀리지 않을 것이다.

쪼개진 진리

헤겔에게 진리는 부분으로 쪼개져 있다. 헤겔은 이들을 통합하는 것이 정신의 진보라고 보았다. 따라서 높은 정신의 수준이야말로 더 진리에 근접할 수 있는 조건이었다. 따라서 정신의 절대성을 통합적으로 그린 렘브란트 같은 리얼리즘 작품이 헤겔의 입장에서 좋은 그림이었다. 그러나 아도르노는 정반대로 생각했다. 오히려 그렇게 조각조각 쪼개진 부분의 진리를 그대로 드러내는 것이 감각에 충실한 예술의 기능이었다. 아도르노가 보기에 피카소의 〈게르니카〉는 이런 자신의 예술관을 고스란히 보여주는 작품이었다. 예술 작품의 본성은 감각적이고, 이런 의미에서 사물의 객관성에 가장 근접한 것이라고 아도르노는 생각했다. 이 감각적인 예술의 모방은 작가의 이념이라는 추상성을 허락하지 않는 무한 반복과 재생이다. 이 무의미한, 또는 작가의 의도가 없는 모방이야말로 객관성에 가장 가까운 진리인 것이다. 이런 관점에서 아도르노는 철학적 사유를 추상적인 개념으로 대상과 거리감을 만들어내는 재현의 방편에 불과하다고 보았다. 한마디로 철학적 개념은 사물을 추상화라는 명분으로 소외시키는 문제에 속수무책이라는 뜻이다.

예술은 구체적이기 때문에 철학의 추상성에 내재한 환원주의를 극복할 수 있다. 예술의 방식은 이미지와 소리 또는 색채라는 감각적인 매개를 우선한다. 환원주의는 여러 사물의 속성을 단일한 틀로 묶어버리는 추상화의 방식이다. 이렇게 모든 것을 하나의 개념으로 환원하는 재현에 아도르노는 반기를 들었다. 아도르노는 누구보다도 민감하게 이런 철학의 속성을 파악한 철학자였다. 아도르노는 프랑크푸르트학파의 일원으로 현대사회의 현상을 분석하는 중요한 이론적 지표들을 다수 제시했다. 한마디로 아도르노의 철학은 변증법적 사유의 정수를 보여주는데, '에세이'라는 글쓰기를 이런 사유의 문체로서 제시한다는 점에서 흥미롭다. 무엇보다도 아도르노는 뛰어난 논쟁의 철학자였는데, 특히 예술의 문제를 둘러싼 그의 관점들은 다양한 논쟁을 통해 갈고 닦았다고 할 수 있다. 그중에서도 피카소를 비롯한 현대미술에 대한 아도르노의 논평은 순수예술과 참여예술이라는 오래된 이분법을 넘어설 수 있는 통찰을 제공한다.

아도르노가 보기에 예술은 그렇게 순수와 참여라는 이분법으로 나뉠 수 없는 범주였다. 진리와 관계 맺고 있다는 점에서 예술 작품은 수수께끼 같은 것이기도 하다. 어떤 것도 선명하지 않다. 그러므로 철학은 이렇게 풀리지 않는 예술 작품의 문제를 해명하는 데 필요한 것이다. 예술 작품이 자기 자신을 설명할 수 없기 때문이다. 예술 작품이 독해를 필요로 하는 지점이 바로 철학이 그림을 만나는 곳이다. 〈게르니카〉에 대한 아도르노의 관점은 정확하게 이런 그의 예술관을 보여준다. 사르트르가 주장하는 것과 달리, 화가로서 피카소는 그 그림에 대한 해명을 굳이 작품에 부여할 필요가 없다고 아도르노는 생각한 것이다. 화가가 그려놓은 그림 그 자체가 바로 현실을 부정하는 것이기 때문이다. 아도르노는 다음과 같이 말한다.

> 예술의 형이상학은 예술의 기원이 되는 종교와 예술을 확연히 구분하고자 한다. 예술 작품은 자체가 어떤 절대적인 것도 아니며, 또 이 절대적인 것이 작품 속에 직접 현재하지도 않는다. 그

> 러한 절대자와 접하기 위해 예술 작품은 맹목성을 지니게 되며, 이로 인해 작품의 언어, 즉 진리의 언어도 곧 모호하게 된다. 말하자면 예술 작품은 절대자를 지니기도 하고 지니지 않기도 한다. 진리를 지향하는 가운데 예술 작품은 자신이 진리를 위해 멀리한 바로 그 개념을 필요로 하게 된다. 부정성이 예술에 대한 속박이냐, 아니면 그 나름으로 진리냐 하는 문제는 예술에 의해 결정되는 일이 아니다. 예술 작품은 그 객관화의 법칙으로 인해 아프리오리하게 부정적이다. 즉 예술 작품을 통해 객관화되는 것들은 직접적인 생명과 유리됨으로써 죽게 된다. 작품 자체의 생명은 죽음을 기반으로 한다. 이 점이 현대 예술로 넘어가는 전환점이다.[2]

이 말만큼 선명하게 현대 예술의 의미를 짚어주는 말도 없을 것이다. 아도르노는 예술을 합리성의 결과물로 본다. 예술의 기원을 제의라고 말했던 베냐민과 사뭇 다른 입장이다. 예술은 종교에서 기원하지도 않았고, 그렇기에 종교적인 것도 아니다. 아도르노에게 예술은 절대적인 것도 아니고 절대적이지 않은 것도 아닌, 애매모호한 양가성에 놓여 있다. 예술을 두고 우리가 때로 절대적이라고 생각하는 것은 맹목성 때문이다. 반고흐를 생각해보라. 그가 광기에 사로잡혀 그린 그림들을 우리는 명작이라고 부른다. 그럼에도 그의 예술은 광기 자체는 아니다. 화가가 미쳐갈 때조차 그림은 객관적인 사물을 그린다. 〈게르니카〉 역시 마찬가지다. 피카소는 폭격으로 파괴된 그 도시의 비명과 신음을 대상화해서 그려낼 수밖에 없었다. 이런 예술의 속성을 인정하지 않고, 작품 자체에서 고통의 소리가 들리지 않는다고 비판하는 것은 옳지 않다고 아도르노는 생각했다.

피카소의 정치성

무엇이든 예술 작품이 되는 순간, 그 대상은 죽는다. 생명을 박탈해야 작품이 탄생하는 것이다. 자연 상태의 꽃이 작품이 되려면 그 뿌리에서 떨어져 나와야 한다. 이런 분리와 소외를 아도르노는 '물화Verdinglichung'라고 불렀다. 물화는 사물이 된다는 뜻이다. 심지어 추상적인 이미지조차 물화 되는 순간, 죽는다. 아도르노에게 현대 예술은 이렇게 죽은 사물의 미메시스, 모방이었다. 여러 사물을 한꺼번에 뭉쳐놓는다는 것, 하나의 틀로 담아낼 수 없는 조각의 덩어리가 바로 현대 예술이었다. 아도르노가 보기에 피카소는 이런 현대 예술의 특징을 잘 보여주는 화가였다. 초기 피카소는 분석적 큐비즘에서 시작했지만, 점차 종합적 큐비즘으로 나아갔다. 분석적 큐비즘이 형상을 해체하고 재구성하는 작업이라면, 종합적 큐비즘은 한마디로 여러 재료를 그대로 접합하는 콜라주였다. 1912년 피카소는 〈등나무 의자가 있는 정물〉이라는 획기적인 작품을 선보이는데, 제목 그대로 이 작품은 등나무 의자를 잘라서 붙여놓았다.

종합적 큐비즘을 통해 피카소가 보여주고자 한 것은 그림이 더는 자연의 사물을 모방하는 것이 아니라 현실의 사물을 전혀 다른 용도로 재배치하는 '판'이라는 사실이었다. 콜라주는 프랑스어로 '아교'를 뜻하는 'coller'에서 왔다. 브라크와 피카소가 이 말을 만들어낸 걸로 알려져 있다. 물론 기법은 옛날부터 있었다. 고대 중국과 일본 그리고 중세 서양에서 콜라주 기법을 발견하기란 어렵지 않다. 동양에서는 콜라주의 재료가 주로 종이였다면, 서양에서는 금속이었다. 서양의 경우 금이나 다른 금속으로 만든 형상들을 덧입혀서 사물의 질감을 회화적 이미지와 결합하는 기법이 일찍부터 발달했다.

그러나 피카소의 콜라주가 이런 고대나 중세의 기법을 그대로 모방한 것이라고 보기는 어렵다. 어디까지나 피카소 이전까지 콜라주는 그림이라는 매체에 대한 자각이 없는 상태에서 제작된 것들이었다. 그러니까 그림과 현실성의 차이랄까. 이런 문제에 대해 전혀 생각이 없었던 것이다. 피카소가 심심해서 멀쩡한 의자를 부숴 캔버스에 갖다 붙인 건 아니다. 그가 보여주려고 한 건 그림의 한계를 넘어가는 것이었다. 그림의 한계는 무엇일까? 그림을 그림이게 만드는 최소 경계를 말한다. 쉽게 말하자면, 그림과 그림 아닌 것 사이에 있는 경계를 없애버리는 게 피카소의 목적이었다고 할 수 있다. 자연을 들여다보는 창이나 사물을 비추는 거울로 그림을 바라보았던 기존의 예술관을 비웃기라도 하듯, 피카소는 "봐라, 그림이란 건 말이야 그냥 물건에 불과한 거야."라고 말하는 것이다.

보통 그림을 그린다고 하면 대상을 이차적으로 모방하는 것으로 받아들인다. 이런 상황에서 화가는 이미지에 대한 전권을 쥐고 있는 것처럼 보인다. 한마디로 창조주와 동격에 놓이는 것이다. 이런 생각에서 천재라는 말도 가능했다. 천재가 그린 그림은 뭔가 부박한 세속의 것들과 다른 느낌을 지닌다. 이걸 고급 예술에 대한 기원쯤으로 볼 수 있을 것이다. 이를 '아우라'라고 지칭해도 되겠다. 뭔가 확실하진 않지만, '진품'에서 뿜어져 나오는 '영기' 같은 게 있다는 믿음은 예술에 대한 태도를 오랫동안 규정했다. 이런 관점에서 보면, 그림은 세속보다 뛰어난 무엇이 되는 셈이다.

그런데 피카소의 콜라주는 이런 생각을 뿌리부터 흔들어버린다. 세속으로부터 떨어져서 고고하게 굴던 그림이 사실은 여러 세속의 물건 중 하나에 지나지 않는다는 사실을 피카소는 증명한 것이다. 모네가 말년에 숱한 실험적 작품을 통해 보여주고자 했던 진리를 피카소는 다른 각도에서 표현한 셈이다. 모네의 말년 작품들에서 형상은 감각의 조합으로 대체된다. 그곳에 존재하는 건 숱한 붓질로 인해 엉겨 붙은 물감 덩어리뿐이다. 이 물감 덩어리는 시각적 이미지를 전달한다기보다, 그 붓질의 운동과 그 운동을 가능하게 한 모네의 감각을 드러내는 매체 노릇을 한다. 예전에 그림이 창이나 거울로 받아들여졌을 때 주요한 문제가 객관성이었던 것에 반해, 근대의 아방가르드들은 그림에서 주관성을 강조했다. 그러나 피카소로부터 시작되는 현대 예술은 그림이라는 매체 자체를 객관적인 것으로 만들어버렸다. 아도르노 역시 이런 피카소의 예술관에 동의했다. 아도르노의 이야기를 더 들어보자.

> 예술 작품은 미리 만들어진 재료나 처리 방식을 사용한다는 점에서 사물 세계에서 유래한다. 예술 작품 속에 있는 것은 모두 사물 세계에도 속하지만, 죽음을 대가로 하여 그로부터 떨어져 나왔다. 예술은 단지 치명적인 면을 통해서만 화해에 관계한다.

> 그러나 이런 점에서 예술 작품은 또한 신화에 속하기도 한다. 이와 같은 점이 모든 작품에서 나타나는 잔인한 면이다. 작품은 덧없는 것, 즉 생명체를 죽음으로부터 구제하여 지속시키고자 함으로써 그것을 죽이게 된다.[3]

사실 피카소의 콜라주는 죽은 사물의 조합이다. 아도르노는 바그너의 오페라 〈파르시팔〉에 나오는 '오직 창으로 만들어진 상처는 그 상처를 낸 창으로만 낫게 할 수 있다'는 대사를 인용하면서, 현대 예술에 내재한 역설을 정의한다. 이 말은 무슨 뜻일까? 자연은 어차피 예술의 개입이 없다고 해도 소멸할 것이다. 그것이 자연의 순리다. 그러나 화가는 그 소멸하는 자연을 붙잡아 화폭에 담는다. 그러나 그렇게 화폭에 담긴 이미지는 자연이 아니다. 그 순간적으로 명멸하는 사물의 감각을 하나의 형상으로 빚어내는 것은 그 사물을 그대로 옮기는 것이 아니라 새롭게 날조하는 것이다. 자연을 닮은 또 다른 자연을 만들어놓고, 이것이 저것이라고 우기는 행위가 예술이라고 아도르노는 말한다.

이런 생각을 더 밀고 나아가서 아도르노는 《미학 이론》에서 자연미에 대한 새로운 이론을 개진한다. 전통적으로 예술 작품은 자연과 대립한다고 여겨졌다. 그러나 아도르노는 자연미와 예술미의 연관성을 주장함으로써 이런 견해를 뒤집는다. 아도르노의 입장에서 예술은 자연을 모방함으로써, 또는 자연미를 그대로 복제함으로써 자연에 가까워지는 것이 아니라, 자연으로부터 멀어질수록 자연미에 가까워진다. 예술이 완전해지면 완전해질수록 의도는 예술로부터 분리되는 것이고, 예술 작품은 자율성을 획득하게 된다. 이 예술의 자율성, 다시 말해서 예술을 통해 만들어진 다른 자연미야말로 현실에 대한 가장 강렬한 부정성이라고 아도르노는 말한다. 이런 관점에서 아도르노는 피카소의 〈게르니카〉를 현실을 고발하는 전쟁의 참상 자체라고 본 것이다.

아도르노의 사상은 루카치Georg Lukacs, 1885~1971와 베냐민이라는 다른 거울상을 호출해야지만 전모를 파악할 수 있다. 1930년대 파시즘의 등장에 맞추어 이들은 기존에 있던 유럽의 급진주의를 재구성하려고 평생을 바쳤다. 이들의 사상을 서구 마르크스주의라고 묶어서 통칭하기도 하는데, 그렇다고 이들이 하나의 목소리로 똘똘 뭉쳤던 것은 아니다. 아도르노와 사르트르의 논쟁도 이런 맥락에서 이해해야 할 것이다. 여하튼 루카치, 베냐민, 아도르노, 이들은 서양 인문학에서도 보기 드문 숙명의 트라이앵글이다. 이들은 이론적으로 라이벌이면서도 극진한 동지였다. 내가 재미있어하는 것은 루카치를 정점으로 해서 베냐민과 아도르노가 나란히 연합하기도 하고, 반대로 아도르노를 정점으로 해서 루카치와 베냐민이 함께 어깨를 걷기도 한다는 사실이다. 아도르노와 루카치가 헤겔을 아버지로 두었다면, 베냐민과 루카치는 낭만주의를 삼촌으로 두었다. 물론 이들을 하나로 묶어주는 어머니는 바로 마르크스이다. 베냐민은 아도르노와 루카치의 헤겔주의를 탐탁지 않게 생각했다. 헤겔에 대한 베냐민의 거부감은 브레히트와 유대신비주의에 대한 호감으로 발전한다. 말할 것도 없이 이런 베냐민의 이탈에 대해 가장 강력하게 비판을 해댄 장본인은 정작 루카치가 아니라 아도르노였다.

숙명의 트라이앵글

연배로 보나 사상적 영향력으로 보나, 루카치와 베냐민은 아도르노의 스승이었다. 특히 아도르노는 초기 루카치의 에세이 철학과 베냐민의 바로크 연구에서 지대한 영향을 받았다. 그 자세한 내력을 길게 이야기할 필요는 없을 것 같고, 다만 여기에서 내가 말하고 싶은 것은 루카치와 아도르노의 라이벌 관계이다. 아도르노는 김나지움을 졸업한 그 푸릇푸릇한 청춘의 여명기에 루카치의 《소설의 이론Die Theorie Des Romans》을 읽고 감동할 만큼 조숙한 소년이었다. 물론 그 역시 많은 소년과 소녀를 눈물바다로 몰아넣었던 루카치의 《영혼과 형식Die Seele und die Formen》으로 사춘기의 성장통을 견뎌냈을 것이다. 이 원초적 영향의 흔적은 아도르노의 걸작이라고 일컬어지는 《미니마 모랄리아Minima Moralia》에서 진가를 발휘한다. 실제로 아도르노의 이 에세이집은 루카치의 《영혼과 형식》을 조목조목 반박하는 것이다. 루카치에 대한 아도르노의 비판은 헤겔에 대한 베냐민의 혐오를 닮았다. 매개를 부정하는 베냐민의 메시아주의를 향해 사상적 동지라고 믿기지 않을 정도로 매서운 질책을 가했던 아도르노가 루카치를 같은 수위의 말투로 공격하는 것은 놀라운 일이 아닐지도 모른다. 그러나 나는 루카치에 대한 아도르노의 비판에서 어떤 징후를 읽는다. 원래 유대인 혈통의 아버지를 가진 테오도어 루트비히 비젠그룬트가 자신의 성을 독일계 어머니의 성인 아도르노로 바꾸어야 했던 그 '나약함'과 이 징후는 연관되어 있다. 같은 유대인이면서도 당시 반파시즘 전선에서 강렬한 정치적 목소리를 내던 루카치와 에스파냐 국경을 넘다가 아편을 먹고 자살해버린 베냐민에 비해, 그의 정치적 이력은 한마디로 당시의 분위기로 본다면 참으로 허약한 것이었다.

다른 유대인계 급진적 지식인들이 나치즘을 피해 소련이나 미국으로 부랴부랴 도주하던 그때, 아도르노만이 영국에 남아서 독일 대학의 교수 자리를 기대하고 있었던 사실도 이런 그의 나약성을 잘 보여주는 것이다. 교수 자격 심사 논문을 준비하면서, 공공연하게 자신을 '유물론자'로 자리매김했던 관념적 급진성과 이런 실천적 우유부단은 어딘가 앞뒤가 맞지 않는 일이었다. 이런 그의 삶과 그의 철학적 비관주의는 아무런 관련이 없을까? 사르트르에 대한 아도르노의 떨떠름함과 이런 그의 과거는 아무런 연관이 없을까? 아도르노가 미국에 건너가서 후기 자본주의를 분석하면서 파시즘의 책임을 몽땅 계몽이성에게로 돌리고 있을 때, 사르트르는 레지스탕스에 가담해서 파시스트들을 향해 총을 쏘고 있었다. 1960년대 말, 사르트르가 대학생들에게 점거된 대학 건물에 홀로 들어가서 학생들의 이야기가 전적으로 옳다고 화답해주고 환호성을 받았던 것과 대조적으로, 아도르노는 대학 건물을 점거한 학생들에게 내내 비판적이었고, 그 결과 강의실에서 학생들에게 모욕을 당하고 그 충격으로 몇 달 뒤 스위스 요양원에서 심장마비로 사망하게 된다.

이쯤에서 이야기를 끝내면 아도르노는 전형적인 회색빛 지식인의 상징으로 남게 될 것이다. 그러나 아도르노는 이렇게 쉽게 단언해서 청산해버릴 철학자가 아니다. 어떻게 보면 아도르노에게 자신의 시대는 너무 가혹했던 것인지도 모른다. 조금 무리해서 말한다면, 아도르노는 시대를 잘못 타고난 불행한 지식인일지도 모른다. 성격적 나약성이 인간적 결함일 수는 없는 법이기에 더욱 그렇다. 오히려 나는 그의 나약한 성격이 그의 이론을 영악하게 만들었다고 생각한다. 또한 아도르노의 이론이 그 무시무시했던 그의 시대가 아니라 지금 우리에게 더 울림을 주는 내용을 간직하고 있다고 생각한다.

7장

사르트르의 아날로공과 마티스의 〈붉은색의 조화〉

마티스의 〈붉은색의 조화〉에 등장하는 방은

현실의 방이 아니다.

이 그림의 이미지가 보여주는 그 방은

실재하지 않는 대상을 표현해낸 아날로공을 통해

가끔 상상해낼 수 있을 뿐이다.

이 상상 의식이야말로

주어진 세계를 바꿀 수 있는 그림의 힘이라고

사르트르는 믿었다.

앙리 에밀 베누아 마티스, 〈붉은색의 조화〉, 1908년

사르트르Jean Paul Sartre, 1905~1980의 아틀리에에 걸려 있을 그림은 마티스Henri Émile Benoît Matisse, 1869~1954의 〈붉은색의 조화〉일 것이다. 사르트르 하면 떠오르는 이미지가 바로 이 작품이다. 누구든 마티스의 그림을 보면 강렬한 붉은색에 압도당하게 된다. 기존의 그림에 대한 관념을 깡그리 무시해버리는 마티스의 그림을 보고 있자면, 마티스처럼 기존의 철학을 거부한 사르트르의 철학이 떠오르지 않을 수 없을 것이다. 마티스는 야수파에 속하는 화가이다. 야수파는 한마디로 공간감을 색감으로 표현한 유파였다. 공간을 표현하는 기법에서 야수파는 색의 자율성을 확립했다고 일컬어진다. 이게 무슨 뜻일까? 마티스가 1905년에 그린 〈콜리우르를 향해 열린 창문〉은 최초로 야수파의 특징을 구현한 작품으로 평가받는데, 이 그림에서 풍경은 창틀의 구도와 뒤섞여 하나의 이미지를 만들어낸다. 보통 색채는 풍경을 표현하기 위한 수단 정도에 지나지 않았다. 형태와 면이 우선이었고, 색채는 빈 공간을 채우는 부속물이었다.

인상파와 점묘파들이 인습적인 색채 기법을 벗어나긴 했지만, 이들에게도 여전히 색채는 자연의 본질을 표현하는 이미지였다. 그러나 마티스의 그림은 이런 선입견을 벗어나서 색채 자체를 정서의 표현으로 생각했다. 물론 이 그림에서 마티스는 고흐나 고갱의 영향을 완전히 떨쳐버리지 못했다. 그림에서 드러나는 짧고 강한 붓의 터치가 그렇고, 원근법을 완전히 무시하고 색감만을 통해 풍경을 표현하는 게 그렇다. 이런 까닭에 최초의 작품이 중요한 것이다. 말하자면, 이런 작품들은 대체로 새로운 게 어디에서 온 건지를 알려주기 때문이다.

마티스 이외에도 칸딘스키와 야블렌스키 같은 걸출한 러시아 출신 화가들과 루오나 블라맹크 같은 개성적인 프랑스 화가들이 가담하긴 했지만, 야수파의 생명은 그렇게 오래가지 못했다. 원래 실험은 실험으로 끝나는 법이다. 기법의 실험은 그 실험의 기법조차 해체하는 게 역사의 법칙이다. 야수파도 이 법칙을 거부할 수 없었다. 1908년 무렵에 야수파는 공식적으로 역사의 뒤편으로 사라지는데, 이건 말 그대로 공식적인 차원에서 그렇다는 것이지, 완전히 존재감을 상실했다는 뜻이 아니다. 블라맹크를 제외하고, 야수파 화가 대부분은 큐비즘과 비슷한 경향으로 발전하면서 초기의 주정주의, 말하자면 감정을 중심에 놓던 경향을 점차 폐기했다.

바람이나 햇빛처럼 무형의 자연을 표현한 인상파와 달리, 야수파에게 자연은 인간의 흔적을 포함하는 것이었다. 야수파는 이상주의를 포기하고 현실에 충실하려고 했다. 현실에 충실하다고 해서 사물이나 풍경에 대한 세부 묘사나 색조에 집착한 건 아니었다. 오히려 이들은 화가의 감정을 색조의 대비를 통해 표현하고자 했다. 야수파라는 이름 때문에 이들을 본능의 예술가로 보는 건 다소 무리가 있다. 이들이 강조한 건 본능이라기보다 감정의 즉흥성, 다시 말해서 내면의 자발성이었다. 그래서 이들에게 구성은 중요한 작업이었고, 그림은 느낌의 응축이었다. 이를 두고 마티스는 "감정의 원근법"이라는 말을 썼다. 바야흐로 자연이 내면으로 바뀌는 순간이었다.

이런 마티스의 그림을 두고 사르트르는 현실적이지 않은 것을 통해 현실적인 감각을 상기시키는 것이라고 말했다. 사르트르에게 깊은 영향을 끼친 두 철학자는 후설Edmund Husserl, 1859~1938과 하이데거였다. 마티스에 대한 사르트르의 해석은 후설의 영향 아래에 있었다고 말할 수 있다. 후설의 현상학을 한마디로 정의한다면, 모든 사물을 합리적으로 사유할 수 있다는 철학이다. 현상학이 정당성을 입증하려면 그림을 가능하게 만드는 상상도 철학적으로 규명할 수 있어야 한다는 것이 사르트르의 논리였다. 물론 사르트르가 후설의 말을 그대로 적용해서 마티스의 그림을 읽은 것은 아니다. 후설에게 영향을 받았으면서도 후설을 넘어가는 사르트르의 관점은 그림에 대한 분석에서 확연하게 드러난다. 자신의 박사 논문 일부에 해당하는 내용을 개정해서 출간한 《상상력L'Imagination》에서 사르트르는 후설의 현상학을 이미지 분석에 적용하면서 데카르트, 흄, 라이프니츠, 베르그송에 이르는 철학자들이 이미지를 단순한 사물로 간주한다는 점에 의문을 제기하고자 했다.

반성이자 직관으로서 작동하는 이미지

사르트르가 보기에 이미지는 심리학적 구조에 해당하고, 그런 의미에서 이미지의 반성적 직관이 나타나는 그대로 기술하려고 노력해야 한다는 것이다. 이미지는 어쨌든 특정 사물에 대한 반성이지만, 또한 직관적인 것이다. 후설에게 기대기는 하지만, 그렇다고 그가 완전히 후설의 주장에 승복하는 것은 아니다. 이 책은 후설을 이야기하고 있지만, 상당히 논쟁의 자세를 취하고 있다. 후설이 전제하듯이 모든 의식이 무엇에 대한 의식이라고 한다면, 그 의식이 어떤 경우에 지각하고, 어떤 경우에 상상하는가? 후설은 이 지각과 상상을 '동기 관계motivations'라고 했는데, 이런 전제가 사르트르에게 충분하지 않았던 것이다. 도대체 이 동기 관계란 무엇인지, 그 원인에 대해 후설은 무관심하다는 주장이다. 후설에게 동기 관계는 물질성에 속하지 않고 물리적 인과성에 반하는 정신세계의 법칙이다. 사르트르가 궁금하게 여긴 것은 이 독자적 법칙의 원인이다.

사르트르는 뒤러의 동판화 〈기사, 죽음 그리고 악마〉를 분석한 후설의 견해를 예로 들면서, 어떤 그림을 보았을 때 우리는 순차적으로 특정 형상을 인식하는 것이 아니라, 이미지로 표상된 현실, 다시 말해서 "이미지화한 현실"에 이끌린다고 말한다. 여기에서 "이미지화한 현실"이란 살과 뼈를 가진 기사의 이미지를 뜻한다. 따라서 후설이 말하는 것처럼, 종이에 인쇄된 잉크의 조합으로서 동판화를 인식하는 것과 미학적 관조로서 그 이미지를 바라보는 단계가 순차적으로 이루어진다기보다 지향성의 차이에 따라서 같은 그림일지라도 전혀 다른 의미를 지닌다고 사르트르는 생각했다. 우리는 왜 그림을 보면 지각하지 않고 상상하게 되는 것일까? 사르트르의 질문은 이것이었고, 후설에게서 그 해답을 찾을 수는 없었다. 사르트르는 이런 생각을 더 발전시켜서 《상상계》를 출간하는데, 이 책에서 그 유명한 마티스 그림을 아날로공analogon으로 분석하는 논의가 등장한다. 사르트르는 4년 동안 파고든 후설의 영감 아래 이 책을 썼다고 고백하지만, 읽어본 사람이라면 그 영감이 철저한 반대에 기초한다는 사실을 깨닫게 될 것이다. 스승을 파먹고 스승의 가르침을 뛰어넘는 후학이 바로 사르트르였다.

스승 후설이 소중하게 생각하는 지각에 대응해서 후학인 사르트르는 마티스의 그림을 분석하면서 상상의 작용을 적극적으로 내세운다. 상상은 지각이 아니라는 점에서 현상학의 대상이 아니라고 생각할 수 있는데, 사르트르는 여기에 도전장을 내민 것이다. 《상상계L'Imaginaire》에 담긴 내용은 사르트르 자신이 이름 붙이진 않았지만, 과연 독보적인 이미지에 대한 철학이라고 할 만하다. 시작 부분에서 사르트르는 이미지의 특성을 열거하고, 심적 이미지와 물적 이미지로 이미지의 종류를 구분한다. 그에 따르면, 이미지는 상상의 의식이고, 관찰은 관찰이되 그 안에 본질을 뺀 관찰이다. 그래서 이미지의 대상은 무로서 비실재이자 비존재이다. 흥미롭게도 이렇게 대상을 무로 가진 이미지는 지각과 달리 특정한 대상에 고정되지 않는다는 점에서 자발성을 지니면서 오히려 대상을 창조한다고 사르트르는 보았다. 이미지에 관해서 의식과 사물은 지각의 방식과 다르게 작동하는 셈이다. 따라서 특정한 그림을 볼 때,

그 그림은 우리의 의식 바깥에 놓인 단순한 사물(물감 덩어리, 캔버스 천, 액자 등등)이 아니라, 심적 이미지와 물적 이미지가 하나의 군락으로 묶이는 상상의 기능을 한다고 본 것이다.

사르트르는 마치 칸트가 그랬던 것처럼, 독자적인 그림의 영역을 확립하면서 지각 의식과 다른 차원에서 작동하는 상상 의식을 정립하고자 했다. 상상 의식은 존재하는 대상에 수동적으로 속하는 것이 아니라, 아날로공이라는 유사 표상물을 자발적으로 만들어낸다는 독창적 주장을 한 것이다. 마티스의 그림은 외부 사물을 염두에 두지 않고 화가의 상상력을 발휘해서 제작한 작품이다. 말하자면 그림에 등장하는 방은 진짜 방을 모사한 것이 아니라, 그 방과 유사한 아날로공인 셈이다. 마티스의 〈붉은색의 조화〉는 이런 의미에서 부수적인 사례라기보다 사르트르의 논리를 증명하는 중요한 증거물이다.

사르트르가 발견한 후설 현상학의 문제는 지향성의 대상이 실재하는 것뿐만 아니라 실재하지 않는 것일 수도 있다는 사실이었다. 유니콘이나 용과 같은 상상의 동물도 우리는 얼마든지 상상할 수 있다. 이런 상상이 지각할 수 없는 대상을 설정한다고 해서 쓸모없거나 폐기할 수 있는 것이 아니라고 사르트르는 생각했다. 만일 후설 현상학이 지각 작용에 해당하지 않는 대상을 진리에 어긋난다고 배제한다면, 그 자체가 현상학이 설정하는 모든 사물의 철학이라는 명제를 기각하는 것일 뿐만 아니라, 그 자신이 비판한 실증주의의 오류를 반복하는 꼴이 되는 것이다. 이런 맥락에서 사르트르는 후설이 내세우는 지향과 충족이라는 짝패를 신랄하게 비판한다.

후설의 문제점을 극복하려고 사르트르는 이미지의 구성요건으로 부정의 행위를 도입한다. 상상 의식은 근본적으로 주어진 세계에 대한 부정을 의미한다는 것이다. 사르트르의 관점에서 보면, 현실의 무화를 전제하고 비실재를 확인하는 의식의 양태가 바로 그림의 이미지를 통해 얻을 수 있는 상상이다. 왜냐하면 그림의 이미지는 어떤 현존도 지시하지 않기 때문이다. 마티스의 〈붉은색의 조화〉에 등장하는 방은 현실의 방이 아니다. 마티스가 설정한 '아름다운 것'은 지각에 주어질 수 없는 비실재의 총체이다. 한 번도 본 적 없고, 앞으로도 볼 수 없는 대상을 이미지화해놓은 것이 바로 마티스의 그림이다. 마티스의 그림을 하나의 예술 작품으로 감상할 때, 그 미학적 관조의 대상은 사실상 존재하지 않는다. 심지어 마티스 자신의 방이라는 실재의 사물도 그림에 등장하는 방이 아니다.

이 그림의 이미지가 보여주는 그 방은 실재하지 않는 대상을 표현해낸 아날로공을 통해 가끔 상상해낼 수 있을 뿐이다. 이 상상 의식이야말로 주어진 세계를 바꿀 수 있는 그림의 힘이라고 사르트르는 믿었다. 마침내 그림은 사르트르의 통찰에 이르러, 플라톤이 정의했던 이데아의 그림자에서 벗어나서, 오히려 세계를 창조하는 상상의 힘으로 달리 보이게 되었다. 역설적으로 플라톤이야말로 이런 그림의 힘을 누구보다 잘 알고 있었기에 그토록 예술의 범람을 두려워했던 것인지도 모른다. 철학과 대립하는 것처럼 보였던 그림이 사실은 그 철학의 상상을 해방하는 역할을 해왔다는 것이 밝혀졌다. 주어진 세계를 부정하고, 오지 않은 미래를 새롭게 창조하는 것이 철학과 그림의 사명이라고 할 수 있다.

참여 지식인의 표상

사르트르의 삶은 이런 자신의 철학에 충실했다. 마티스의 그림에 대한 그의 견해는 예술론에 그치지 않고 삶의 방식을 결정하는 실천과 참여의 정신이기도 했다. 사르트르는 오늘날 우리가 알고 있는 '지식인'이라는 표상을 만들어낸 대표적인 인물이다. 사르트르의 철학은 프랑스에서 탄생했지만, 지리적 한계를 넘어서서 전 세계에 영향을 끼쳤다고 할 수 있다. 사르트르만큼 전 세계의 대중들에게 강력한 영향을 끼친 철학자는 드물다. 영미권은 말할 것도 없고 제3세계 민족주의자들까지 그의 책을 탐독했다. 그가 내세운 실존주의는 모든 존재하는 것에 대한 철학이라고 할 수 있었다. 그렇기에 칸트나 헤겔 같은 유럽의 철학자들을 "추격"해야 한다고 생각한 많은 비유럽인에게 사르트르의 철학은 곡진한 자기만의 체험에서 철학을 길어낼 수 있다는 계시와 같은 것이었다. 상상이 독자적인 철학의 원천이라고 한다면 철학의 의미가 달라질 수밖에 없다. 이런 사르트르 철학의 반전은 사물 그 자체로부터 철학을 전개해야 한다는 현상학적 선언을 급진화한 것이라고 할 수 있다.

사르트르의 관점에서 지식인은 자신의 삶을 구성하는 모순을 인지하는 존재이다. 이런 까닭에 지식인은 프롤레타리아에 속하기 어렵다. 언제나 이 모순을 고민하고 이야기할 테니, 자신의 계급에 속할 수가 없는 것이다. 그래서 이 지식인은 부르주아도 프롤레타리아도 아닌 어정쩡한 상태에 처한다. 물론 누가 지식인이 되고 말고 하는 문제는 개인의 선택사항이 아니다. 구조적인 차원이 가로놓여 있는 것이다. 프롤레타리아는 자본주의사회에서 지식인이 되기 위한 교육과정을 성공적으로 누리기 어렵다. 부르주아가 지배하는 자본주의사회에서 개인들은 산업적 발전과 상업적 이윤을 추구하는 일에 매진하도록 강요당한다. 이와 같은 추구는 본성상 자유롭게 보이지만,

사실은 국가를 통한 보이지 않는 규제가 작동한다. 사르트르가 마르크스주의를 호출하는 지점이 바로 여기인 것이다.

예를 들어, 과학자가 열심히 연구를 수행한다고 할지라도, 그 과학자라는 개인은 이미 그 지식을 전수해준 교육체계를 통해 구조화되어 있다. 지식을 배우고 실천에 적용하는 과정 자체가 사회구조와 밀접하게 관련을 맺고 있다는 말이다. 물론 그 과학자는 교육체계를 통해 전수받은 지식에 얽매이지 않을 자유를 가진다. 사르트르의 관점에서 이렇게 구조의 통제와 개인의 자유 사이에서 발생하는 모순을 인지하는 존재라면 지식인이라고 규정할 수 있다. 따라서 지식인은 실존주의와 마르크스주의를 서로 이어주는 매개의 구현이라고 말할 수 있다. 지식인이라는 존재로 인해서 실존주의는 마르크스주의를 만난다는 참신한 주장이다. 보편적인 것이 개인적인 차원에서 드러난다는 생각이 실존주의라면, 사회적인 차원에서 의식을 규정하는 계급투쟁의 한 부분으로 개인이 구현된다는 생각은 마르크스주의이다. 이런 까닭에 지식인은 단순히 개인적인 차원에 머무를 수가 없고, 부르주아 이데올로기를 관통해 진실을 보기 위해서 행동을 필수적으로 동반하게 된다. 이렇게 행동의 주역으로 자신을 실현하는 것을 두고 사르트르는 지식인의 임무라고 불렀다.

살구 칵테일의 현상학

사르트르의 《존재와 무L'Être et le néant》는 이런 문제를 근본에서 파헤친 역작이다. 이 책을 보면 패기만만하게 후설과 하이데거의 논쟁에 개입하는 사르트르의 모습을 확인할 수 있다. 사르트르의 철학이 어떻게 생성되었는지를 보여주는 박진감 넘치는 장면이 이 장에서 펼쳐지는 것이다. 사르트르는 자신의 스승 후설을 비판적으로 고찰하면서 추상성과 구체성에 관한 질문을 던진다. 예를 들어, 후설은 빨강을 하나의 추상으로 본다고 말하는데, 여기에서 추상적이라는 것은 형상을 갖는다는 뜻이다. 이런 형상적인 추상성의 반대에 놓이는 것이 '사물'이라는 구체성이다. 사르트르는 다음과 같이 말한다.

> 이런 관점에서 보면 의식은 하나의 추상적인 것이다. 왜냐하면 의식은 그 자체 속에 즉자卽自를 향하는 하나의 존재론적 기원을 내포하고 있기 때문이다. 한편 현상도 하나의 추상적인 것이다. 왜냐하면 현상은 의식에 '나타나는' 것이라야 하기 때문이다. 구체적인 것은 다만 종합적인 전체로서만 있을 수 있는 것이고, 의식은 현상과 마찬가지로 이 종합적 전체의 계기를 이루는 것에 불과하다. 구체적인 것은 세계 속의 인간이다. 더욱이

> 그것은 하이데거가 '세계-속內-존재'라고 부른, 인간과 세계의 그 특수한 결합을 지닌 '세계 속의 인간'이다. 칸트처럼 '경험'을 그 가능성의 조건에 관해 문제 삼거나, 후설처럼 현상학적으로 환원함으로써 세계를 의식의 노에마(noema)적 상관자가 되게 하는 것은, 특히 추상적인 것에서 출발하는 일이다.[1]

이 구절에서 미묘한 사르트르의 마음을 읽을 수 있다. 1905년 6월 21일 파리에서 태어난 사르트르는 1924년부터 4년간 파리고등사범학교에서 철학을 공부했다. 학위를 취득한 뒤에 그는 다른 철학자들처럼 파리와 르아브르에서 철학을 가르치다가 1933년 독일의 베를린으로 연구조교 자리를 얻어서 가게 된다. 거기에서 사르트르는 자신의 운명을 결정하는 두 대가를 만나게 되는데 바로 위의 인용문에 나오는 후설과 하이데거였다. 1년 동안 사르트르는 이들과 사제 관계를 형성하게 된다.

사르트르가 이처럼 베를린으로 가게 된 까닭은 모든 것을 심리학으로 환원하는 심리학주의를 거부했기 때문이다. 당시 프랑스에서 유행한 이런 경향은 모든 학문 영역을 심리학을 통해 재구성하려는 시도였다. 쉽게 말하면, 윤리든, 미든, 신앙이든, 모든 것을 심리로 환원해서 말하는 것은 어렵지 않다. 이런 관점이라면, 어린 시절에 겪은 나라 잃은 설움 때문에 예수가 십

자가에 못 박히는 것을 자청했다는 식으로《신약성서》를 설명할 수 있을 것이다. 물론 그럴듯하게 들리지만, 결과적으로 이런 성서 해석은 상대적인 주관주의에 지나지 않는다. 심리학적 설명은 결과적으로 상대주의로 귀결될 수밖에 없다. 사르트르는 이런 심리학주의를 극복하려고 후설로 나아갔다고 볼 수 있다. 후설이야말로 심리학주의를 자연주의로 보고 그에 대한 대안으로 현상학을 제시한 장본인이었다. 여기에서 후설이 자연주의라고 지칭하는 것은 시공간적 현실에 속하는 존재로서 미리 주어진 세계에 맞추어 작용하는 '일반정립Generalthesis'을 학문의 주제로 삼는 태도를 의미한다. 주어진 세계에서 체험과 의식은 실재적 사건으로서 존재한다. '일반정립'을 쉬운 말로 표현하면 주어진 세계를 통해 정립된 어떤 앎의 체계일 것이다. 후설의 목표는 자연주의의 심리적 상대주의에 빠지지 않는 순수 논리학의 이념을 정립하는 것이었다. 자연적 태도를 괄호치고, 현상학적인 환원을 하는 것이 선험적 태도를 획득하는 방법이라고 후설은 생각했다. 선험적 태도라는 것은 현실에 적응한 자연적 태도를 없다고 치는 태도이다.

브렌타노의 지향성 개념을 발전시켜서 후설은 심리학주의의 공식, 말하자면 심리가 대상을 반영한다는 도식적 전제를 비판한다. 현상학에서 대상은 의식이 향하는 지점을 의미한다.

후설은 이 대상에 개체뿐만 아니라, 개별 종이나 사태 그리고 본질 같은 이데아적인 보편 대상도 포함한다. 대상을 훨씬 포괄적으로 설정한 것이다. 후설에 따르면, 대상은 지향작용을 통해 만들어지는 것이지 의식이 대상에 심리적으로 반응하는 것이 아니다. 이런 측면이 "아래로부터 만들어지는 철학"이라는 현상학 본연의 성격을 드러낸다. 이미 주어진 모든 관념과 편견을 버리고 오직 사물의 본질을 탐구하는 것이 현상학이라는 점에서 사실에 집착하는 경험주의나 실증주의와 완전히 다른 철학이라고 할 수 있다. 대상과 의식의 관계를 이해하는 데 필요한 것은 심리학적 분석이 아니라, 자연적인 일반정립을 판단중지epoche한 상태에서 대상과 의식 사이에서 역동성을 구성하는 선험적 의식구조를 기술하려는 학문이 현상학이다. 이 현상학은 후일 현대 프랑스 철학에 지대한 영향을 끼치게 되는데, 사르트르가 그 선두에 서 있었다.

사르트르와 현상학의 조우는 보부아르의 회고에 등장하는데, 어느 날 카페에서 친구 레몽 아롱에게서 현상학적인 관점에서 보면 탁자에 놓인 살구 칵테일도 철학이 된다는 말을 들은 후였다. 아롱은 독일에서 후설의 책을 읽고 돌아와 사르트르에게 현상학에 대한 소식을 전했다. 그때가 1933년이었고, 사르트르는 그 말을 듣고 얼굴이 하얘질 정도로 놀라워했다고 한다. 사르트르는 그날 당장 레비나스가 후설에 관해 쓴 책을 사서 읽고 다음 해에 후설을 배우러 베를린으로 갔다. 자신이 마시는 칵테일 한 잔에 대한 철학을 할 수 있다는 말은 관념론과 실증주의를 거부하고 사물 자체로 돌아가고자 했던 당시의 사르트르에게 한 줄기 빛과 같은 계시였다. 이런 사르트르의 생각은 심리학주의를 비판한 후설에게서 출구를 발견한 것이다. 현상학의 환원이라는 것이 바로 이처럼 사물 그 자체로 돌아가서 생각한다는 뜻이다. 주어진 가정과 가설에 의거한 판단을 포기하고, 경험 이전에 절대적으로 주어진 것에 대한 의미를 추구하는 작업이 현상학의 환원이다. 달리 말하면, 이 모든 환원의 작업은 대상과 의식의 관계만을 들여다보면서 그 사태 자체를 분석하는 것이다.

예를 들어보자. 우리는 앞에 놓여 있는 한 잔의 칵테일을 본다. 이 칵테일이라는 말은 일반적인 명사이지만, 실제의 칵테일은 일정한 알코올과 다른 성분을 포함한 내용물이 유리잔에 담겨 있는 사물이다. 이 칵테일은 특정한 장소에 놓여 있는 특정한 탁자 위에 있다. 설령 우리가 그 칵테일을 마신다고 해도, 그 사물 자체는 우리의 의식과 무관한 것이다. 칵테일은 우리의 의식 바깥에 놓여 있는 다른 무엇이다. 사물은 의식과 무관한 이물질이라는 이런 생각이야말로 사르트르의 철학을 밀고

가는 핵심적인 착안이다. 최초의 조우 이후에 사르트르는 4년 동안 후설을 공부했다. 후설에게 사로잡힌 채, 그는 "후설주의자"로 오랫동안 살았다고 고백한다. 《존재와 무》에서 사르트르는 하이데거 편에 서서 후설을 비판하는 제스처를 취하지만, 실제로 하이데거보다도 후설에게 훨씬 더 깊은 사상적 친밀감을 느꼈다는 사실을 짐작할 수 있다. 그러나 이런 현실적 친근감이 이론적인 결별을 보상해주지 못했다. 앞서 살펴보았듯이, 그는 점점 더 이론적인 측면에서 후설에 대해 비판적인 입장을 취하게 되었기 때문이다. 《존재와 무》는 후설을 떠나서 실존주의를 정립하는 제자의 모습을 가감 없이 보여준다는 점에서 흥미로운 저작이라고 할 수 있다. 게다가 자타가 공인하는 사르트르의 걸작이 바로 이 책이기도 하다.

그러나 인간 실존에 대한 존재론적인 분석이라는 이 책에 대한 정의는 첫 장을 펼치는 순간 수없이 난무하는 난해한 개념과 표현에 부딪혀 사막의 모래바람처럼 사라져버릴 것이다. 그만큼 이 책은 20세기를 대표하는 최고의 철학서이면서 독자에게 인내심을 요구하는 어려운 책이다. 사르트르는 후설의 현상학에서 제기한 문제의식을 실존이라는 테마를 통해 해결하고자 한다. 후설의 문제의식은 무엇인가? 바로 인식의 문제이다. 후설의 문제의식은 헤겔 이후 침체에 빠진 독일관념론을 극복하고, 인식의 영역에서 철학의 위상을 재정립하는 것이었다. 이 목적을 달성하려고 후설은 '마음에 대한 로고스'라는 관점에서 심리학주의라는 인간에 대한 자연과학적인 이해에 대항해 현상학을 주창한다. 독일관념론의 쇠퇴는 곧 실증주의의 융성으로 이어졌고, 이런 경향은 과학주의에 대한 철학의 투항을 조장했다. 갈릴레이에서 시작해서 뉴턴으로 이어지는 과학주의적 전통은 생활세계를 자연과학적인 관점에서 이론화하고 이념화하는 한편, 질적인 차이를 고려하지 않고 모든 사물 현상을 양적인 대상으로 환원하는 편향을 보였다.

경험주의적 심리학

후설은 데카르트조차 과학주의의 영향 아래 의식을 자연주의적인 관점에서 파악했다고 판단했다. 결국 후설의 생각은 자연과학으로 해명할 수 없는 의식의 문제를 철학의 관점에서 이해할 수 있다는 것으로 요약할 수 있다. 일단 사르트르는 보편성이라는 것이 우리에게 직접적으로 주어진다는 후설의 전제를 받아들인다. 물론 사르트르가 생각하는 보편성을 후설의 보편성과 같은 것이라고 보기는 어렵다. 개념이 다르다기보다 위상이 다르다고 보는 것이 옳겠다. 후설에게 보편성이라는 개념은 '무엇'과 관련을 맺는다. 항상 우리의 의식은 "무엇에 대한" 의식이다. 이 무엇은 사물이고 우리 의식에 속하지 않는다. 이 대상과 의식의 관계가 현상학적인 관심이다. 그러니까 후설에게 중요한 것은 '사물이 존재한다'는 문제라기보다 '존재하는 것이 무엇인가'라는 문제이다. 그래서 그에게 현상하는 개별 사물에 관한 기술은 보편적 본질을 찾아내기 위한 '괄호 치기' 과정이었다. 존재하는 것이 무엇인지를 알아내려면 보편성으로 수렴할 수 없는 존재의 개별성을 괄호 안에 넣어서 없는 것처럼 생각해야 하지 않겠는가? 좀 더 복잡하게 설명하면, 이런 후설의 방법은 '판단중지'인데, 상식이나 믿음 같은 일반정립을 모두 배제한 순수의식을 인식의 토대로 설정하려는 방법론적 유아론이었다고 할 수 있다.

사르트르가 보기에 이런 후설의 생각은 모순이었다. 결과적으로 이런 전제는 후설 자신의 현상학과 배치되기 때문이다. 후설처럼 보편성이 항상 '무엇'과 관계되는 것이라면, 이런 관계는 개별성에 선행하는 무엇일 수밖에 없다. 그러나 사실은 정반대라고 사르트르는 생각했다. 개별성이 보편성보다 앞서 있는 것이다. 개별성이 있고 보편성이 있는 것이지, 보편성이 개별성으로 현시하는 것이 아니다. 지금 보면 참으로 싱거운 반전이지만, 여하튼 이런 관점에서 사르트르는 후설에 대해 각을 세운다. 사르트르가 아무 생각 없이 이렇게 주장한 것은 아니다. 그의 주장은 일정 부분 니체에게 빚지고 있다. 개별성을 보편성보다 앞선 것으로 파악하는 태도에서 니체의 영향을 읽을 수가 있는 셈이다. 이런 경향이 솔직하게 나타나는 부분이 바로《존재와 무》의 '실존적 정신분석' 장이다.

> 예를 들어, 플로베르의 '심리'를 해명하고자 하는 비평가라면 다음과 같이 쓸 것이다. 그는 '자신의 위대한 야심과 억누르기 힘든 힘이라는 이중의 감정에서 비롯되는 끊임없는 북돋움을, 소년 시절부터 이미 자신의 정상적인 상태로 파악하고 있었던 듯하다. …… 그의 끓어오르는 젊은 피는 여기서 문학적인 정열로 바뀌었다. 이런 일은 조숙한 영혼을 지닌 사람들의 경우, 18세 전후에 흔히 일어나곤 한다. 그들은 크게 행동하고 세차게 받아들이고픈 욕구에 시달리고 있으며, 그것을 가라앉힐 수단을 문장의 힘 또는 허구의 강렬함 속에서 발견한다.'[2]

이런 비평에서 문제가 되는 것은 무엇일까? 플로베르의 문학 자체를 소년 시절부터 확립되어온 심리로 곧바로 환원시키고 있다는 점이다. 이런 심리적 환원에 대해 사르트르는 다음과 같이 비판한다.

> 이 한 구절에서는 한 청년의 복잡한 인격을 약간의 원초적인 욕망으로 환원하려는 노력이 엿보인다. 마치 화학자가 복합적인 물체를 단순한 물체를 이루는 하나의 조합에 불과한 것으로 환원할 때와 같은 방식이다. …… 그런데 무엇보다도 그런 심리학적 '분석'은, 어떤 개별적인 사실이 추상적이고 보편적인 법칙들의 교차에 의해서 생긴다는 가정에서 출발하고 있다. 설명되어야 하는 사실—여기서는 젊은 플로베르의 문학적 소질—은 '청년 일반'에게서 볼 수 있는 '전형적'이고 추상적인 욕망들의 한 조합이라는 결론에 이른다. 이 경우에 구체적인 것은 단지 그 욕망들의 조합뿐이다. 그런 욕망들은 그 자체만으로는 단순한 도식일 뿐이다. 그러므로 가설에 의해 추상적인 것이 구체적인 것에 앞서고 있으며, 구체적인 것은 추상적인 성질들을 이루는 하나의 조직에 지나지 않는다.[3]

심리학주의에 대한 사르트르의 대안은 경험주의적 심리학이었다. 이 경험주의적 심리학은 대상의 효과를 마음으로 환원시키는 것이 아니라, 그 마음의 바깥에 존재하는 실재성을 직접적으로 인식하는 작업이다. 이렇게 마음 바깥에 주관과 관계없는 절대적 실재가 있다는 사르트르의 생각은 후설에 대한 비판을 내포하고 있다. 사르트르는 여기에서 후설의 필살기라고 할 현상학적 환원에 대한 의문을 제기하는 것이다. 후설의 현상학은 의식 경험의 구조를 전제하기에, 만약 이런 전제가 옳다면 마음 바깥에 있는 실재성에 접근할 수 없을 것이고, 만약 이 전제가 옳지 않다면 현상학적 환원은 모든 실재성에 해당하는 것이라서 어떤 실재성이 마음 안에 있고 어떤 실재성이 마음 바깥에 있는지 알 수 없게 된다. 이처럼 의식 경험의 구조를 설정하는 한 후설의 현상학은 마음 바깥의 실재성을 인식하지 못한다는 딜레마에 빠지는 셈이다. 이렇게 후설의 이론에 내재한 딜레마를 사르트르가 지적하는 이유는 후설의 방법이 궁극적으로 구체성을 다루지 못한다는 것을 증명하기 위함이다. 그 구체성은 무엇인가? 앞서 살펴본 것처럼, 인간의 실존이다. 이런 관점에서 사르트르를 휴머니스트로 착각할 수 있겠지만, 엄연히 이 인간은 '무를 항상 붙이고 다니는 존재'이다. 이런 맥락에서 사르트르는 경험주의적 심리학을 더 밀고 나아가서 실존적 정신분석을 정초하고자 한다.

> 이 실존적 정신분석의 '원리'는 인간은 하나의 전체이지 하나의 집합이 아니라는 것이다. 따라서 인간은 그 가장 무의미하고

가장 피상적인 행위 속에도 있는 그대로 자기를 나타낸다. 달리 말하면, 아무것도 드러내 보이지 않는 하나의 취향, 하나의 버릇, 하나의 인간적 행위란 없는 것이다.[4]

이 구체적인 인간의 행위를 나열해서 목록으로 만드는 일에 그치는 것이 아니라, 그것을 '해독'하는 방법이 바로 실존적 정신분석이다. 이처럼 개별성에 선행하는 보편성에 대한 거부는 곧바로 앎의 선행성에 대한 거부를 의미하는 것이기도 하다. 말하자면, 개별성이 있기 전까지, 아니 더 정확하게 말하자면 '나'가 있기 전까지 앎은 없다. 그래서 사르트르에게 앎과 보편성은 선취되는 것이 아니라, 우리가 살아가면서 성취해야 하는 것으로 판명 나는 것이다. 이 성취는 그냥 개별성에 대해 '사유'한다고 가능한 것이 아니다. 나 자신을 만들어갈 때 비로소 도래하는 것이다. 현실에 개입하는 행동을 자유의 조건으로 결정짓는 파격적인 주장이다. 청년들이 사르트르에 빠져드는 이유이다. 우리의 일생에서 젊은 시절만큼 자유를 갈구할 때가 또 언제 있을까? 그 말은 그만큼 자유를 구속하는 것들이 젊음을 둘러싸고 있다는 뜻이기도 하다. 사르트르의 철학은 미성숙을 삶의 원동력이라고 설파하는 영원한 젊음의 사상이라고 할 수 있다.

8장

메를로퐁티의 제3의 철학과 세잔의 〈노란 안락의자에 앉아 있는 세잔 부인〉

메를로퐁티가 세잔의 발견에서 주목한 것은

바로 이 사실이었다.

실제로 받아들인 지각이 사진이나 기하학적인 지각과

완전히 다르다는 사실을 세잔이 밝힘으로써

메를로퐁티는 기존의 철학을 재구성할 근거를 찾은 것이다.

폴 세잔, 〈노란 안락의자에 앉아 있는 세잔 부인〉, 1888~1890년

8

지금까지 여러 철학자의 아틀리에를 탐방했지만, 철학과 그림을 논할 때 빼놓을 수 없는 철학자가 있다. 바로 자신의 철학과 그림을 같은 것으로 간주했던 메를로퐁티Maurice Merleau-Ponty, 1908~1961다. 메를로퐁티는 그림을 통해 철학을 갱신하고자 했던 철학자이다. 그래서 반철학anti-philsophie 또는 비철학non-philosophie이라는 말을 사용했다. 메를로퐁티는 대표적으로 키르케고르와 니체 그리고 마르크스를 반철학자로 보았는데, 말 그대로 철학을 거부하고 우회했다는 뜻이다. 이때 반철학이라고 함은 기존의 철학에 대한 전면 해체를 의미한다. 물론 그렇다고 메를로퐁티가 말하는 반철학이나 비철학이 철학을 없애버리자는 뜻은 아니다. 오히려 철학을 갱신하려는 시도로 봐야 한다.

메를로퐁티가 반철학의 시도를 통해 이루고자 한 것은 '제3

의 철학'이다. 이런 기획을 위해 그는 세잔Paul Cézanne, 1839~1906의 그림을 새로운 철학을 위한 근거로 제시한다. 메를로퐁티에 오면 그림은 철학과 연대하거나 철학의 개념을 요청하는 다른 영역이 아니라, 철학과 같은 영역으로 간주된다. 메를로퐁티에게 제3의 철학은 결국 지각적 세계를 사유하는 방식이었고, 여기에 가장 부합하는 화가가 바로 세잔이었다. 메를로퐁티는 1945년에 자신의 철학과 세잔을 연결해서 〈세잔의 회의Le Doute de Cézanne〉라는 에세이를 쓴다. 이 글에서 메를로퐁티는 과학이나 공통감각으로 이해할 수 없는 다른 지각의 세계, 말하자면 실질적인 지각의 세계가 있다고 주장하는데, 바로 세잔의 작품들이야말로 자신의 주장을 뒷받침하는 중요한 근거라고 말했다. 이 실질적인 지각의 세계를 제대로 사유할 제3의 철학이 필요하다는 것이다.

메를로퐁티에 따르면, 근대 이후 우리에게 상식적인 것으로 통하는 과학의 인식 방식은 세계를 외부에 객관적으로 존재하는 대상으로 놓고 언제나 고정된 형태로 지각한다는 것이다. 이런 객관주의적 입장에 따르면, 우리가 사물을 인식하는 방식은 눈의 시신경을 통해 외부의 대상을 파악하고, 그 대상이 제공하는 자극으로 앎을 획득한다고 볼 수 있다. 메를로퐁티가 보기에 이런 입장은 기껏해야 오직 지각은 경험만으로 가능할 뿐이라는 경험주의나 데카르트의 자아처럼 선험적으로 주어져 있는 '나'를 통해 이런 지각이 가능하다고 주장하는데, 결국 과학과 상식은 이런 경험주의 아니면 지성주의라는 양자택일의 범주를 미리 정해놓고 우리에게 선택을 강요하고 있는 셈이다. 이런 과학과 상식의 문제는 항상 외부에 더 큰 현실이 있고, 우리 의식은 그 현실보다 작을 수밖에 없다는 구태의연한 믿음에 기반하고 있다. 이에 대항해서 메를로퐁티는 대상이 우리 외부에 불변의 형태로 존재하는 것이 아니라, 우리가 대상을 볼 때 생성되는 게슈탈트gestalt를 통해 지각상이 만들어진다고 생각했다. 이 상태를 '원초적 세계' 또는 '순수 자연'이라고 메를로퐁티는 불렀다. 이 세계는 비인격적이고 선객관적인 차원으로서, 개체들이 분화되기 이전 단계로서 유기적으로 결합된 상태라고 보았다. 이렇게 분화하기 이전의 상태로 덩어리를 이루고 있으면서 지각을 만들어내는 근본 지평이 세계라고 볼 수 있다.

원초적 지각과 순수 자연

도대체 무슨 말일까? 세잔의 그림을 보자. 메를로퐁티가 직접적으로 언급하는 그림은 〈노란 안락의자에 앉아 있는 세잔 부인〉이라는 작품이다. 일단 이 그림은 원근법을 발견할 수 없다. 의자의 배치와 뒷벽에 그어진 검은 선이 서로 맞지 않는다. 의자는 입체적으로 그려져 있는데, 배경은 평면적이다. 외부의 대상을 관찰해서 그린 것이 아닐뿐더러, 임의로 사물을 특정한 틀에 맞추어 재배치한 것이 아니라는 뜻이다. 세잔은 고전주의자들과 다른 방식으로 그림을 그렸다. 보통 원근법에 따른 그림은 가까이 있는 것을 크게, 멀리 있는 것을 작게 그린다. 이런 방식을 합리적이라고 여긴다. 그러나 세잔은 실제로 체험한 원근법이라는 관점에서 지각 경험을 구성했다. 메를로퐁티가 세잔의 발견에서 주목한 것은 바로 이 사실이었다. 실제로 받아들인 지각이 사진이나 기하학적인 지각과 완전히 다르다는 사실을 세잔이 밝힘으로써 메를로퐁티는 기존의 철학을 재구성할 근거를 찾은 것이다. 이렇게 생생하게 체험한 원근법에 따르면, 가까이 있는 것이 작게, 멀리 있는 것은 크게 느껴진다. 원경이 근경보다 압도적인 것이다. 또한 세잔은 대상을 그릴 때 윤곽선을 그리기보다 색채를 우선시했다. 메를로퐁티가 보기에 이런 세잔의 기법은 윤곽선 안에 대상을 집어넣어 깊이를 상실하게 만드는 것이 아니라, 여러 윤곽선을 중첩해서 색채를 통해 자연스럽게 사물의 외양이 드러나게 만드는 방식이었다. 메를로퐁티는 다음과 같이 말하고 있다.

> 세잔은 형태와 깊이를 부여하는 촉각을 보여주기 위해 색채를 사용하고자 하지 않는다. 만지는 것과 보는 것을 구별하는 이런 지점들은 원초적인 지각에서 드러나지 않는다. 인간의 신체에 대한 과학을 접하면서 우리는 비로소 감각들을 구분할 줄 알게 된다. 체험하는 대상은 감각의 원인에 기초해서 재발견되거나 구성되는 것이 아니라, 오히려 이런 감각의 원인들이 발산되는 그 지점을 중심으로 시작해서 우리에게 직접 현시하는 것이다.[1]

세잔은 이런 원초적 지각의 순수 자연을 그대로 화폭에 옮겨놓은 것이다. 이 말은 세잔이 정지해 있는 대상을 그렸다는 뜻이 아니다. 메를로퐁티에 따르면, 세잔은 사물들이 질서를 획득하고 구조화되어가는 현상, 또는 사유가 육체를 얻어가는 현상을 그대로 그렸다는 의미다. 관습에 사로잡힌 시선을 통해 보는 세계가 아닌 그 가시성 너머에 있는 원초적인 지각을 포착해서 그 게슈탈트의 움직임 자체, 말하자면 그 발생의 과정을 시각화했다는 것이다. 이런 세잔의 눈은 신체적 기관에 그치지 않고 "확장된 눈"에 해당한다. 이런 시선으로 세잔은 풍경을 그렸다기보다 그 풍경의 발생을 보여준다. 이론이나 지식에 기반을 두고 풍경을 바라보는 것이 아니라, 풍경 그 자체에서 그림으로 나아오는 시선을 그린 것이라고 볼 수 있다. 풍경과 우리가 만나서 서로 교감을 나누는 그 상태를 그려내고자 하는 시도가 바로 세잔의 작품이라는 것이다.

세잔의 그림은 화가의 기법을 드러내는 것이 아니라, 총체적이고 충만한 풍경을 그리는 동기를 보여주는 것이 목적이다. 화가가 자연을 재현하는 것이 아니라, 그 자연을 따라야 한다. 세잔은 감추어져 있는 감각을 그리고자 했다. 가시적인 지각 너머에 있는 보이지 않는 지각의 세계를 드러내는 것은 쉬운 일이 아니었다. 세잔의 실험은 이런 어렵고 복잡한 사유의 결과물인 셈이다. 여기에서 메를로퐁티는 어떤 원초적인 세계를 상정하고, 그 원초적 세계에서 세잔의 그림이 생겨나서 등장했다고 본다. 세잔의 그림은 하나의 소실점을 가진 원근법의 시선을 보여주지 않는다. 그의 그림은 다양한 감각의 중심을 보여준다. 앞선 인용문에서 메를로퐁티가 설명하는 세잔의 특징이다. 무엇인가를 알아차리게 하는 그 원인을 중심으로 세잔은 가시성을 구성한다. 이렇게 구성해놓으니, 하나의 그림에 시선이 여러 개 등장하는 것이다.

〈병과 사과 바구니가 있는 정물〉을 봐도 그렇다. 보통 정물을 그렸다는 것은 사진에서 볼 수 있는 기하학적 구도에 맞추

폴 세잔, 〈병과 사과 바구니가 있는 정물〉, 1890~1894년

어 대상을 배치해 가시화하는 것이다. 그러나 세잔은 각 정물 자체를 중심으로 설정해서 하나의 그림으로 조합했다. 그럼에도 우리는 세잔의 그림을 처음 보고 이상한 느낌을 받지 않는다. 각자의 사물들은 각자의 자리에 놓여 있다. 세잔은 이들을 특정한 질서 아래 포섭하지 않는다. 그렇게 배치했음에도 세잔의 세계는 무질서하게 보이지 않는다.

세잔은 이런 방식으로 사물을 인식하는 습속을 거부한다. 감각과 지성, 자연과 구성, 원시와 전통을 구분하던 이분법을 세잔은 무화시키는데, 이런 예술 실험에서 메를로퐁티는 보는 것과 생각하는 것을 일치시키는 차원을 발견하게 되는 것이다. 이런 이분법의 해체에서 메를로퐁티는 제3의 철학을 구상하는 것이라고 할 수 있다. 인상주의를 수용하면서 그 인상주의의 모티브라고 할 자연을 끝까지 탐구하는 세잔의 자세에서 메를로퐁티는 새로운 철학의 문제를 찾아냈다. 이런 세잔의 입장이야말로 인상주의도 고전주의도 아닌 제3의 미학을 추구한 것이라고 보았기 때문이다. 메를로퐁티의 철학이 추구한 것도 세잔과 마찬가지로 경험주의도 아니고 지성주의도 아닌 제3의 철학이었다. 양자택일에서 벗어난 새로운 철학, 다시 말해서 영미 철학과 대륙 철학이 미처 밝혀내지 못한 미지의 영토를 찾아 나선 것이 메를로퐁티의 철학이었다.

보는 것이 생각하는 것이다

보는 것과 생각하는 것이 미분화한 지각적 세계를 철학이 사유해야 한다는 것은 획기적인 발상이다. 세잔의 말처럼, 이런 발상은 "내 속에서 스스로 사유"하는 그 사유를 전제하는 것이다. 이 발상의 전환은 이후에 전개될 다양한 철학적 실험들과 맥을 같이하는 것처럼 보인다. 현상은 단순하게 사물의 나타남이라기보다 무한한 전체로서 나타나는 현상이자 체험된 깊이에서 드러나는 현상인 것이다. 이 현상은 선객관적인 차원의 드러남이다. 다시 말해서, 객관적인 것이라고 인식되기 이전에, 주관과 객관이 분화되기 이전의 상태를 사유하는 것이 메를로퐁티의 철학이다. 세잔의 그림처럼 전체를 모두 표현하는 스펙터클의 조합이 철학 실험의 모델인 것이다.

새로운 철학의 동맹자로 그림을 선택했다는 점에서 메를로퐁티는 철학자의 아틀리에에 어울릴 만한 철학자라고 하겠다. 아도르노처럼 철학과 그림이 서로 다른 영역으로 보완적 관계를 맺는다는 인식에서 더 나아가서, 메를로퐁티에게 그림은 철학과 같은 사유의 형식으로 받아들여진다. 이런 전환은 그림을 진리에 무관심한 거짓으로 파악했던 플라톤과 정반대의 방향으로 철학을 이끈다. 플라톤은 개념과 이미지를 전혀 다른 것으로 보았지만, 메를로퐁티에게 보는 것과 생각하는 것은 차이가 없다. 오히려 이 둘을 구분하는 것은 지각 후에 일어나는 일이라고 보았다. 메를로퐁티가 이런 식으로 생각한 이유는 간단하다. 과학과 기술이 지배하는 상식의 세계에 비판적인 근거를 마련하기 위함이었다. 이 말은 과학과 기술을 거부하고 비과학적인 신비의 세계를 옹호한다는 뜻이 아니었다.

메를로퐁티가 과학과 전통을 배제하지 않고 오히려 그 속에서 새로운 지각의 세계를 발견한 세잔을 높게 평가한 이유에 주목해야 한다. 메를로퐁티의 철학은 과학과 상식을 잘못이라고 말하려는 것이 아니라, 무수한 가능성을 실증의 굴레에 가둬버린 채 오직 하나의 앎만이 가능하다고 믿는 태도의 위험성을 경고하려는 것이다. 메를로퐁티를 비롯한 현대의 철학자들이 그림에서 찾고자 한 것은 다른 무엇도 아닌 새로운 진리의 근거였다. 과학을 거부하지 않으면서 그 과학에 대한 형이상학을 만들고자 했던 시도에서 그림은 새로운 원천으로 주목받은 것이다. 이런 의미에서 철학과 예술은 더욱더 긴밀한 동맹의 관계를 맺게 되었다.

에필로그

10년 전쯤, 학술대회 참석차 들른 인도에서 한 흑인 철학자를 만났다. 그는 처음 철학을 공부할 무렵에 항상 들은 의문에 대해 말했는데, 그 말이 내 폐부를 찔렀다. 그 의문은 "도대체 흑인이 철학을 한다는 게 가능한 일인가?"라는 것이었다. 이런 질문은 그렇게 새삼스럽지 않았다. 백인보다 흑인의 지능이 떨어진다고 생각한 칸트의 경우가 있다는 점을 감안하면, 철학은 아무래도 유럽인의 전유물 같다는 생각을 떨치기 어렵다. 처음에 철학을 공부하겠다는 생각으로 유학길에 올랐을 때, 내가 고민한 화두도 이것이었다. 당시 나는 비유럽인으로서 유럽의 철학을 한다는 게 무엇을 의미하는지 끊임없이 되묻지 않을 수 없었다.

우리는 아무 의심 없이 철학을 보편적인 것으로 받아들이지만, 이런 철학의 보편성은 결코 자명한 것이 아니다. 철학은 밀레투스라는 그리스의 소도시에서 출발했지만, 그 열매는 유럽에서 거두어들였다. 오늘날 우리가 인정하는 그 철학의 사유는 그리스의 철학을 아랍을 거쳐 유럽이 받아들여 발전시킨 것이라고 보는 게 타당하다. 그러므로 그리스에서 유럽으로 이동한 철학의 여행에서 우리는 지정학의 경계를 초월한 "앎에 대한 사랑"이라는 철학적 사유의 동시성을 확인할 수 있다. 철학이 앎에 대한 사랑이라고 한다면, 이 사랑은 굳이 유럽이라는 지정학적 위치나 유럽 백인이라는 인종에 국한하는 게 아닐 것이다. 이런 근거에서 보편적 사유를 수행할 수 있는 아프리카인 철학자나 아시아인 철학자의 가능성을 논증하는 게 타당하겠지만, 그렇다고 이 말에서 당장 비유럽인 철학자의 사유와 언어가 유럽 백인 철학자의 언어와 같은 것이라는 결론을 도출하는 것은 다소 조급한 판단이다. 동일성보다는 차이에서 우리는 비유럽인 철학자의 가능성을 발견할 수 있을 것이기 때문이다.

실제 유럽의 철학사는 흑인과 동양인이라는 타자의 영역을 배제하면서 지정학적 특수성을 위장했다고 할 수 있다. 동양에는 철학이 없다고 한 하이데거의 언술은 동양인에 대한 폄하를 내포하긴 하지만, 동시에 서양철학이 궁극적으로 유럽 백인의 사유 방식이라는 사실을 인정하는 것이기도 하다. 따라서 철학은 그리스에서 발원해서 유럽에서 발전했기 때문에 서양철학이라는 생각은 보편타당한 것으로 받아들여진 철학사에 대한 전면적인 해체를 뜻한다. 이를 통해 새롭게 드러나는 사실은 서양철학사가 은폐하고 소거시킨 타자의 존재들이다. 예를 들어, 최근 관심의 대상으로 떠오른 안톤 빌헬름 아모Anton Wilhelm Amo, 1703~1759라는 18세기 아프리카인 철학자의 존재는 철학사에서 정전正典으로 받아들여졌던 철학의 아버지들에 관한 생각을 다시 바로잡게 한다. 지금까지 밝혀진 사료들을 토대로 몇몇 학자들은 칸트의 세 가지 비판서가 흄을 겨냥한 게 아니라 아모를 대상으로 삼은 것이라고 주장한다.

가나 출신인 안톤 아모는 노예로 팔려서 독일에 왔고, 박애주의자인 주인 덕분에 할레대학에 입학해서 철학을 공부하게 되었다. 철학 박사학위를 받은 후에 아모는 의학을 전공해서 또 다른 학위를 받았다. 아모는 1739년 예나로 옮겨와서 대학에서 가르친 것으로 기록되어 있고, 이런 그의 경력은 노예제 문제를 더욱 부각하는 계기가 되었다. 최근에 와서 다시 조명받는 이런 아모의 삶은 유럽 철학의 정체성에 대한 근본적인 질문을 던지는 사례이다.

해석학의 출현이 근대적 공간의 확장으로 인한 타자의 언어를 이해하려는 것이었다는 사실은 잘 알려졌다. 그러나 유럽의 철학이 인정해온 이런 막연한 타자의 범주는 외부에 존재하는 그 무엇을 의미하는 것이기도 하다. 말하자면, 외부의 타자를 설정해놓고 내부는 순수하다는 생각을 은연중에 깔아놓는 것이다. 그러나 아모라는 흑인 철학자의 존재는 서양철학의 내부가 그렇게 순수하지 않았다는 사실을 암시한다. 아모는 서양철학의 아버지 중 한 명인 칸트가 감추어놓은 사유의 기원이었다. 이 기원은 외부라기보다 내부였고, 아모의 존재가 없었다면 지금 칸트와 같은 서양철학의 기원은 생각할 수가 없었던 것이다.

철학과 그림의 관계를 살펴보는 것은 이런 서양철학의 토대를 되짚어보는 작업이다. 플라톤이 그림을 거짓말이라고 배제한 까닭은 감각의 이질성 때문이었다. 자연은 다양체이고, 그런 의미에서 그 자체로 아무런 의미를 지니지 않는다. 플라톤은 이 명멸하는 무의미의 혼돈에서 현기증을 느낀 것이라고 볼 수 있다. 그럼에도 불구하고 플라톤의 말은 절대적인 철학의 권위에 대한 옹호라기보다 다양체를 사유할 수밖에 없는 철학의 운명을 지칭하는 것이라고 봐야 할 것이다.

서양철학에 감추어져 있는 아모라는 이질적인 철학자 역시 이런 사유의 문제를 보여준다. 그림은 이해할 수 없는 것도 그리지만, 철학은 그 이해할 수 없는 것을 이해할 수 있는 말로 이야기해야 한다. 유럽의 이방인인 아모가 철학의 언어를 획득했다는 것은 이런 의미에서 중요하다. 말하자면, 유럽인이 아니더라도 철학을 하는 것은 문제없다는 사실을 증명하기 때문이다. 플라톤이 비판한 그 그림의 허구성은 역설적으로 철학의 딜레마를 해결할 이방인의 존재이기도 했다. 감각을 사유한다는 점에서 이제 보는 것이 곧 생각하는 것이라는 사실에 누구도 의문을 제기하지 않게 되었다. 이처럼 새로운 철학의 단계는 철학과 그림의 관계에 대한 고찰에서 도래한 것이다.

주

서장 칸트의 반성적 판단력

1 임마누엘 칸트, 《판단력비판》, 백종현 옮김, 아카넷, 2009, 371쪽.
2 같은 책, 168쪽.

1장 헤겔의 역사와 렘브란트의 〈야경〉

1 게오르크 빌헬름 프리드리히 헤겔, 《헤겔의 미학강의 1》, 두행숙 옮김, 은행나무, 2010, 296쪽.
2 같은 책, 298쪽.

2장 프로이트의 무의식과 다빈치의 〈모나리자〉

1 Sigmund Freud, *Leonardo da Vinci: A Memoir of His Childhood*, trans. by Alan Dyson, London: Routledge, 2001.
2 같은 책, 34~35쪽.

3장 하이데거의 존재자와 반고흐의 〈구두 한 켤레〉

1 마르틴 하이데거, 《숲길》, 신상희 옮김, 나남, 2008, 41쪽.
2 같은 책, 41쪽.
3 같은 책. 46쪽.
4 같은 책, 46쪽.

5 여기에 대한 샤피로의 논의는 Meyer Schapiro, *Theory and Philosophy of Art: Style, Artist, and Society*, New York: George Braziller, 1998, pp. 135~142를 볼 것.

6 데리다의 주장은 Jacques Derrida, *The Truth in Painting*, trans. Geoffrey Bennington, University of Chicago Press, 1987, pp. 255~380을 볼 것.

4장 베냐민의 시간과 클레의 〈앙겔루스 노부스〉

1 이 제목은 '새로운 천사'라는 의미다. 실제로 독일어로 그림을 뜻하는 '빌트(Bild)'는 '추상화'라는 의미도 내포하고 있다. 이런 까닭에 클레의 그림 〈앙겔루스 노부스〉에 대한 애착은 세계를 하나의 그림으로 파악한 베냐민의 태도를 상징적으로 보여주는 것이라고 볼 수 있다.

2 Walter Benjamin, *Gesammelte Schriften. Band II: Aufsätze, Essays, Vorträge*, Frankfurt am Main: 1972, p. 245.

3 같은 책, 246쪽.

4 발터 베냐민, 〈역사의 개념에 대하여〉, 《발터 베냐민 선집 5》, 최성만 옮김, 도서출판 길, 2008, 339쪽.

5 같은 책, 330쪽.

6 같은 책, 340쪽.

7 같은 책, 340~341쪽.

8 같은 책, 342쪽.

9 같은 책, 344쪽.

10 같은 책, 330쪽.

11 같은 책, 332쪽.

12 Jacques Derrida, "Marx and Sons." *Ghostly Demarcations: A Symposium on Jacques Derrida's Specters of Marx*, Ed. Michael Sprinker, London: Verso, 1999, p. 250.

13 발터 베냐민, 같은 책, 332쪽.

5장 그람시의 상상력과 티만테스의 〈이피게네이아의 희생〉

1 Antonio Gramsci, *Prison Notebooks*, vol. 2, ed. and trans. Joseph A. Buttigieg, New York: Columbia UP, 1996, p. 249.

2 같은 책, pp. 598~599.

3 Michele Filippini, *Using Gramsci: A New Approach*, trans. Patrick J. Barr, London: Pluto, 2017, p. 14.

4 다음을 볼 것. 쥬세뻬 피오리, 《안또니오 그람쉬》, 김종법 옮김, 이매진, 2004, 527쪽.

5 Antonio Gramsci, 같은 책, p. 256.

6장 아도르노의 예술의 현실 참여와 피카소의 〈게르니카〉

1 Theodor W. Adorno, *Notes to Literature*, vol. 2, trans. Shierry Weber Nicholson, New York: Columbia UP, 1992, p. 89.

2 테오도어 W. 아도르노, 《미학 이론》, 홍승용 옮김, 문학과지성사, 1984, 214쪽.

3 같은 책, 215쪽.

7장 사르트르의 아날로공과 마티스의 〈붉은색의 조화〉

1 장 폴 사르트르, 《존재와 무》, 정소성 옮김, 동서문화사, 1994, 47~48쪽.

2 같은 책, 906~907쪽.

3 같은 책, 906쪽.

4 같은 책, 922쪽.

8장 메를로퐁티의 제3의 철학과 세잔의 〈노란 안락의자에 앉아 있는 세잔 부인〉

1 Maurice Merleau-Ponty, "Le Doute de Cézanne," *Sens et Non-sens*, Paris: Gallimard, 1996, pp. 31~32.

철학자의 아틀리에

1판 1쇄 발행일 2021년 6월 14일

지은이 이택광

발행인 김학원
발행처 (주)휴머니스트출판그룹
출판등록 제313-2007-000007호(2007년 1월 5일)
주소 (03991) 서울시 마포구 동교로23길 76(연남동)
전화 02-335-4422 **팩스** 02-334-3427
저자·독자 서비스 humanist@humanistbooks.com
홈페이지 www.humanistbooks.com
유튜브 youtube.com/user/humanistma **포스트** post.naver.com/hmcv
페이스북 facebook.com/hmcv2001 **인스타그램** @humanist_insta

편집주간 황서현 **편집** 전두현 임미영 **디자인** 이수빈
조판 홍영사 **용지** 화인페이퍼 **인쇄** 삼조인쇄 **제본** 민성사

ISBN 979-11-6080-656-4 03100

• 이 저서는 2015년 정부(교육부)의 재원으로 한국연구재단의 지원을 받아 수행된 연구임.
(NRF-2015S1A6A4A01011908)